VOLKER DIEDRICH

Unterhaltsberechnung nach Quoten und Tabellen

MÜNSTERISCHE BEITRÄGE ZUR RECHTSWISSENSCHAFT

Herausgegeben im Auftrag der Rechtswissenschaftlichen Fakultät
der Westfälischen Wilhelms-Universität in Münster durch die Professoren
Dr. Hans-Uwe Erichsen Dr. Helmut Kollhosser Dr. Jürgen Welp

Band 16

Unterhaltsberechnung nach Quoten und Tabellen

Zur Geschichte und Methode der Konkretisierung unterhaltsrechtlicher Generalklauseln

Von

Dr. Volker Diedrich

DUNCKER & HUMBLOT / BERLIN

CIP-Kurztitelaufnahme der Deutschen Bibliothek

Diedrich, Volker:
Unterhaltsberechnung nach Quoten und Tabellen: zur Geschichte u. Methode d. Konkretisierung unterhaltsrechtl. Generalklauseln / von Volker Diedrich. — Berlin: Duncker und Humblot, 1986.
(Münsterische Beiträge zur Rechtswissenschaft; Bd. 16)

NE: GT

D 6

Satz: Bert Jordan, Berlin 61. Druck: Bruno Luck, Berlin 65
Printed in Germany

ISBN 3-428-05955-7

Vorwort

Die vorliegende Arbeit ist im Sommersemester 1985 von der Rechtswissenschaftlichen Fakultät der Westfälischen Wilhelms-Universität in Münster als Dissertation angenommen worden. Das Manuskript wurde im Mai 1985 abgeschlossen; spätere Rechtsprechung und Literatur konnten nicht mehr berücksichtigt werden.

Mein Dank gilt zunächst Herrn Prof. Dr. Heinz Holzhauer, der mir die nötige Freiheit ließ, neben der Assistententätigkeit an seinem Institut diese Arbeit anzufertigen; außerdem übernahm er die Mühe des Erstgutachtens. Für die Erstattung des Zweitgutachtens danke ich Herrn Prof. Dr. Wilfried Schlüter. Viele hilfreiche Gespräche mit meinen Kollegen sowie die Schreibarbeit von Frau G. Gausepohl und Frau I. Böhm haben mir die Arbeit sehr erleichtert; dafür schulde ich den Mitarbeitern des Instituts für Deutsche Rechtsgeschichte besonderen Dank.

Schließlich bin ich Verlag und Herausgebern für die Aufnahme in die Schriftenreihe und der Universität für einen großzügigen Druckkostenzuschuß zu Dank verpflichtet.

Münster/Westf., im Juli 1985

Volker Diedrich

Inhaltsverzeichnis

Einleitung

Erster Teil

Geschichte der pauschalierenden Unterhaltsbemessung

Zweiter Teil

Zulässigkeit der pauschalierenden Unterhaltsberechnung, insbesondere in Form richterlicher Normsetzung

Dritter Teil

Heutige Praxis der pauschalierenden Unterhaltsberechnung

Abkürzungsverzeichnis

a. A.	anderer Ansicht
aaO	am angegebenen Orte
a. F.	alte Fassung
ALR	Allgemeines Landrecht
ArchBürgR	Archiv für Bürgerliches Recht
BR-Drucks	Bundesrats-Drucksache
BSHG	Bundessozialhilfegesetz
BT-Drucks	Bundestags-Drucksache
DAVorm	Der Amtsvormund
DFGT	Deutscher Familiengerichtstag
DIV	Deutsches Institut für Vormundschaftswesen
DJT	Deutscher Juristentag
DJZ	Deutsche Juristenzeitung
DR	Das Recht
DRiZ	Deutsche Richterzeitung
EheRG	Gesetz zur Reform des Ehe- und Familienrechts
FamRZ	Zeitschrift für das gesamte Familienrecht
Fußn.	Fußnote
GGO	Gemeinsame Geschäftsordnung der Bundesministerien
JR	Juristische Rundschau
JW	Juristische Wochenschrift
JZ	Juristenzeitung
K/H-B/B	Kalthoener/Haase-Becher/Büttner, s. Literaturverz.
MünchKomm	Münchener Kommentar
Nachw.	Nachweise
NDV	Nachrichtendienst des Deutschen Vereins für öffentliche und private Fürsorge
NEhelG	Gesetz über die rechtliche Stellung der nichtehelichen Kinder
Rdn	Randnummer
RefE	Referentenentwurf
RegE	Regierungsentwurf
RegUnterhV	Verordnung zur Berechnung des Regelunterhalts
(R)JWG	(Reichs-)Gesetz für Jugendwohlfahrt
SächsGB	Sächsisches Gesetzbuch
SchlHA	Schleswig-Holsteinische Anzeigen
SH	Sozialhilfe
SJZ	Schweizerische Juristenzeitung
UhVG	Unterhaltsvorschußgesetz
VO	Verordnung
WiSta	Wirtschaft und Statisitk
ZBlJR	Zentralblatt für Jugendrecht und Jugendwohlfahrt
zust.	zustimmend

„Wer überhaupt lernen will, wie man die Sache anzugreifen hat, um ein allen Staatsbürgern ... wohlbekanntes Rechtsinstitut in einer möglichst abstrakten und unverständlichen Weise darzustellen, braucht nur den Titel des deutschen Entwurfs über die Unterhaltspflicht zu lesen."

Anton Menger, in seiner Kritik am Entwurf des BGB (Das bürgerliche Recht und die besitzlosen Volksklassen, 1889)

„Kasuistik ist nie entbehrlich, stets nur zu delegieren; ... Insofern gibt es zwar eine ‚Flucht in die Generalklausel', jedoch keine ‚Flucht aus der Verantwortung'. Legislative kann sich nicht in Generalklauseln davonstehlen und der Justiz zu deren ureigener Verantwortung jene Lasten aufbürden, die sie selbst zu tragen nicht bereit war."

Joachim Gernhuber, in seiner Kritik an familienrechtlichen Reformgesetzen (Neues Familienrecht, 1977)

Einleitung

I. Gesetzliche Grundlagen der Unterhaltspflicht

1. Unterhaltsrechtsverhältnis

Die gesetzliche Verpflichtung, einem anderen Menschen durch Unterstützung die Befriedigung seiner Lebensbedürfnisse zu ermöglichen oder zu erleichtern, nennt man Unterhaltspflicht. Nach bürgerlichem Recht kann sich eine solche Verpflichtung im wesentlichen aus drei Gründen ergeben: Verwandtschaft, Ehe und Ehescheidung[1]. Diese familienrechtliche Beziehung wird als unterhaltsrechtliches **Grundverhältnis** bezeichnet[2].

Nach § 1601 BGB sind Verwandte in gerader Linie verpflichtet, einander Unterhalt zu gewähren. Hierbei ist die Unterhaltspflicht der Eltern gegenüber ihrem Kinde der wichtigste Fall, weil Kinder nicht erwerbstätig und daher regelmäßig unterhaltsbedürftig sind. Sonstige Fälle des Verwandtenunterhalts haben durch staatliche Sozialleistungen (Kranken-, Arbeitslosen- und Rentenversicherung) ihre bürgerlichrechtliche Bedeutung weitgehend verloren[3]. Die gesetzliche Regelung des Verwandtenunterhalts findet sich im dritten Titel des Abschnitts „Verwandtschaft" in §§ 1601—1615 o BGB; dabei enthalten §§ 1601—1615 allgemeine Vorschriften und §§ 1615 a—1615 o Sonderregeln für den Unterhalt des nichtehelichen Kindes.

Einen anderen Unterhaltsgrund bildet die bestehende Ehe. Der Ehegattenunterhalt hat zwei grundverschiedene Ausprägungen, je nachdem, ob die Ehegatten in häuslicher Gemeinschaft oder getrennt leben. Bei bestehender Lebensgemeinschaft sind beide Ehegatten gemäß § 1360 BGB einander verpflichtet, durch ihre Arbeit und ihr Vermögen die Familie angemessen zu unterhalten, d. h. ihre individuellen Unterhaltsansprüche gehen — ggf. zusammen mit den Ansprüchen der Kinder — im

---

1 Außerdem gibt es Unterhaltspflichten
— des Vater gegenüber der Mutter eines nichtehelichen Kindes (§§ 1615 l—1615 m BGB)
— gegenüber dem Partner einer nichtigen oder aufgelösten Ehe (§§ 26, 37 EheG)
— des Erben gegenüber den Familienangehörigen des Erblassers (§ 1969 BGB).

2 *Göppinger*, Unterhaltsrecht, Rdn 14, 228 f.

3 Dazu *Ruland*, S. 235 f.

kollektiven Familienunterhalt auf[4]. Solche Ansprüche kommen so gut wie nie vor Gericht, weil Diskrepanzen zwischen Anspruch und Wirklichkeit in der intakten Familie auf andere Weise ausgeglichen werden. Deshalb sind sie auch nicht Gegenstand dieser Arbeit, weil das Problem der individuellen Bezifferung nicht existiert. Wenn der Familienverband auseinanderbricht, verwandelt sich der Anspruch notwendigerweise in einen Individualanspruch auf Barunterhalt gegen den getrennt lebenden Ehegatten (§ 1361). Der Charakter dieses Anspruchs ähnelt demjenigen des Unterhalts nach Scheidung der Ehe, dem dritten unterhaltsrechtlichen Grundverhältnis. Während die Unterhaltspflicht in den beiden anderen genannten Fällen auf einer dem Recht vorgegebenen Solidarität der Generationen bzw. der Ehepartner beruht[5], liegt der gesetzgeberische Grund für die Unterhaltspflicht unter Geschiedenen nicht in gleicher Weise auf der Hand. Unter der Geltung des Schuldprinzips wurde derjenige Ehegatte, der seine Pflicht zur ehelichen Lebensgemeinschaft schuldhaft verletzt hatte, mit der Alimentierung des bedürftigen Ehegatten als sekundärer Leistungspflicht belastet. Nach der Abkehr vom Verschuldensgedanken kann man die ratio legis am ehesten in einer Pflicht zur Abwendung spezifisch ehebedingter Bedürftigkeit sehen; diese Pflicht beruht jedoch letztlich auf der Fortwirkung ehelicher Beistandspflichten[6]. Der Unterhalt des geschiedenen Ehegatten ist in §§ 1569—1586 b ausführlich geregelt; der Grundsatz der wirtschaftlichen Eigenverantwortung (§ 1569) erscheint dabei eher als Ausnahme denn als Regel.

2. Sachliche Voraussetzungen

Sachliche Voraussetzungen eines Unterhaltsanspruchs sind **Bedürftigkeit** des Anspruchstellers und **Leistungsfähigkeit** des in Anspruch Genommenen.

Gemäß § 1602 I ist bedürftig, wer außerstande ist, sich selbst zu unterhalten. Etwas präziser ordnet § 1577 I an, daß ein geschiedener Ehegatte keinen Unterhalt verlangen kann, solange und soweit er sich aus seinen Einkünften und seinem Vermögen selbst unterhalten kann. Dabei ist nicht allein die wirtschaftliche Situation des Anspruchstellers — der „Ist-Zustand“ — zu betrachten, sondern auch normativ die Frage zu be-

---

[4] *Gernhuber*, Lehrbuch § 21 I 1.

[5] *Holzhauer* JZ 77, 73.

[6] Weder der Aspekt ehebedingter Bedürftigkeit noch der Gedanke der Fortwirkung reichen für sich allein zur Erklärung aus; aA *Schuhmacher* MDR 76, 881, 884 und MünchKomm / *Richter* § 1569 Rdn 1. Die Verbindung beider Gesichtspunkte betonen die Begründung des 1. EheRG (BT-Drucks 7/650, S. 121) und *Gernhuber* § 30 I 2, S. 383. Vgl. im übrigen *Rolland* § 1569 Rdn 7 mit weiteren Nachweisen.

antworten, welche Anstrengungen von einem Berechtigten zu erwarten sind, bevor die Inanspruchnahme anderer in Betracht kommen darf. Demnach setzt Bedürftigkeit voraus, daß der Betroffene weder aus zumutbarer Arbeit, noch aus Vermögenseinkünften, noch aus einer zumutbaren Verwertung seines Vermögensstammes noch aus sonstigen Einkünften seinen Lebensbedarf hinreichend bestreiten kann[7]. Das Scheidungsfolgenrecht konkretisiert die Bedürftigkeit mangels Erwerbseinkünften durch eine abschließende Aufzählung von Unterhaltstatbeständen (§§ 1570—1573, 1575, 1576), die den geschiedenen Ehegatten in bestimmten, meist ehebedingten Situationen von der Pflicht zu eigener Erwerbstätigkeit befreien.

Die Leistungsfähigkeit des Anspruchsgegners als zweite sachliche Voraussetzung eines jeden Unterhaltsanspruchs (§§ 1603 I, 1581) ist Ausdruck des Grundsatzes, daß Selbsterhaltung vor Fremderhaltung geht[8]. Es wäre wirtschaftlich sinnlos, einen Unterhaltsverpflichteten derartig zu belasten, daß er selbst bedürftig und somit unterhaltsberechtigt würde. Leistungsfähig ist daher nur derjenige, der Unterhalt gewähren kann, ohne seinen eigenen angemessenen Unterhalt — unter Berücksichtigung seiner sonstigen Verpflichtungen — zu gefährden (§ 1603 I). Dem Verpflichteten werden also die Mittel, die er für sich selbst benötigt, als sogeannter **Selbstbehalt** belassen. Dieser Betrag markiert die Opfergrenze, an der die Unterhaltserwartungen der Gläubiger enden; je nach Stellung des Gläubigers liegt sie unterschiedlich hoch[9].

3. Konkurrenzen

Unter den leistungsfähigen Unterhaltsverpflichteten muß eine feste Ordnung verhindern, daß jeder von ihnen die Bedürftigkeit des Anspruchstellers mit dem Hinweis auf dessen anderweitige Unterhaltsansprüche verneinen kann. Gemäß §§ 1608, 1584, 1606 I haftet zunächst der (frühere oder gegenwärtige) Ehegatte, danach haften die Abkömmlinge vor den Eltern des Bedürftigen. Für den umgekehrten Fall, daß ein Verpflichteter mehreren Unterhaltsberechtigten gegenübersteht und nicht leistungsfähig genug ist, alle Ansprüche zu befriedigen, bestimmt § 1609 folgende Reihenfolge: Erstrangig berechtigt sind minderjährige unverheiratete Kinder und Ehegatten, an zweiter Stelle übrige, insbesondere volljährige Kinder, auf den folgenden Rängen Enkel und andere Verwandte[10].

---

[7] *Schwab*, Familienrecht, Rdn 504.

[8] *Motive* S. 685.

[9] Näheres im 3. Teil unter III.

[10] Zu Rangfragen genauer im 3. Teil unter IV.

4. Art und Umfang des Unterhalts

Unterhaltsgewährung vollzieht sich auf zwei **Arten:** durch Zahlung einer Geldrente als Barunterhalt oder durch Gewährung von Nahrung, Wohnung, Pflege, Erziehung etc. als Naturalunterhalt (vgl. § 1612 I). Die gesetzliche Regelung zur **Höhe** des Unterhalts ist dürftig: Das Maß des Unterhalts richtet sich nach der Lebensstellung des Berechtigten (§ 1610 I) bzw. nach den ehelichen Lebensverhältnissen (§§ 1361 I 1, 1578 I 1), der Umfang nach dem Lebensbedarf (§§ 1610 II, 1578 I 2)[11]. Solche Leerformeln ohne konkreten Inhalt sind typisch für das Unterhaltsrecht; auch an anderen Stellen verwendet es Begriffe wie „angemessene Erwerbstätigkeit" (§§ 1573—1575), „unwirtschaftliche Verwertung" (§§ 1577 III, 1581 S. 2) und immer wieder „Billigkeit" (§§ 1576 S. 1, 1577 II 2, 1579 I, 1581)[12]. Der Sinn derartig unbestimmter Normen liegt darin, weiten Raum zur Berücksichtigung individueller Besonderheiten zu gewähren; das Unterhaltsrecht will „Jedem das Seine" zukommen lassen. Eine „bestimmte", starre Regelung würde die Gestaltungsmöglichkeiten des Richters vermindern, dafür aber die Entscheidung von seinen subjektiven Vorstellungen lösen und Gleichbehandlung und Rechtssicherheit gewährleisten. Der Gesetzgeber bevorzugt im Familienrecht die unbestimmte Generalklausel und überläßt der Rechtsprechung die Aufgabe, die ausfüllungsbedürftigen Rechtsbegriffe zu konkretisieren und dabei trotz Berücksichtigung des Individuellen die gleichmäßige Behandlung vergleichbarer Sachverhalte zu sichern.

II. Themeneingrenzung und Begriffsbestimmungen

Die Rechtspraxis der vergangenen Jahrzehnte hat gezeigt, daß die Bemessung des Unterhalts getreu dem gesetzlichen Leitbild nicht befriedigend funktioniert; Gleichbehandlung und Rechtssicherheit ließen sich auf diese Weise nicht erzielen. Zur Abhilfe hat man schematische Berechnungshilfen erdacht, welche die Leerformel vom „angemessenen Unterhalt" einheitlich ausfüllen sollen. Diese Berechnungssysteme, ihre Entstehung, Vereinheitlichung, rechtliche Zulässigkeit und inhaltliche Richtigkeit bilden den Gegenstand der vorliegenden Arbeit. Unter schematischen Berechnungshilfen verstehen wir insbesondere Quoten, Schlüssel und Tabellen. Die Unterhaltsbemessung nach **Quoten** ist die theoretisch einfachste Methode: Der angemessene Unterhalt des Berech-

---

[11] Die Festsetzung des Regelbedarfs minderjähriger Kinder (§§ 1610 III, 1615 f I, II i. V. m. RegUnterhV) ist eine Ausnahme und wird als neueres Ergebnis eines spezifischen Entwicklungsprozesses erst weiter unten im passenden Kontext dargestellt (1. Teil II. 3. b)).

[12] Eine vollständige Zusammenstellung aller unterhaltsrechtlichen Generalklauseln bei *Göppinger*, Unterhaltsrecht, Rdn 31.

tigten entspricht einem bestimmten Bruchteil vom Einkommen des Unterhaltsverpflichteten. Eine Quote kann nur für eine fixe Zahl von Unterhaltsberechtigten angegeben werden. Als allgemeine Regel zur Einkommensverteilung auf eine variable Zahl von Berechtigten kann man nur das Verhältnis der Berechtigten untereinander, aber noch nicht den jeweiligen Anteil des einzelnen als Konstante ausdrücken. Deshalb gibt es Unterhaltsschlüssel als Hilfsmittel zur Quotenberechnung: Der **Schlüssel** setzt eine bestimmte Punktzahl für jedes Mitglied der Unterhaltsfamilie fest, beispielsweise vier Punkte für den Verpflichteten, zwei Punkte für den berechtigten Ehegatten und einen Punkt für jedes Kind (4 : 2 : 1). Steht die Zahl der Kinder im konkreten Fall fest, ergibt sich aus dem Schlüssel dann die Quote: Bei angenommenen drei unterhaltsberechtigten Kindern sind im obigen Beispiel $4 + 2 + 1 + 1 + 1 = 9$ Punkte insgesamt zu setzen, so daß vom verfügbaren Einkommen 4/9 auf den Unterhaltsverpflichteten, 2/9 auf den Ehegatten und 1/9 auf jedes der drei Kinder entfallen. Eine **Tabelle** folgt einem anderen System: Es werden nicht die verfügbaren Geldmittel aufgeteilt, sondern feste Beträge in Relation zu bestimmten Ausgangswerten in einer systematischen Übersicht zusammengestellt. Da beispielsweise die Unterhaltshöhe von der Lebensstellung abhängt, kann man tabellenmäßig verschiedenen „Lebensstellungen" — wie immer man diese definiert — entsprechende Unterhaltsbeträge zuordnen. Alle diese Arten der Unterhaltsberechnung bezeichnet man als **pauschalierende** (= abstrakte, schematische, typisierende) Bemessung, weil die Höhe des jeweiligen Anspruchs aufgrund allgemeiner Kriterien oder auf der Basis von Durchschnittswerten für Personen in vergleichbarer Lebensstellung ermittelt wird. Von **konkreter** Berechnung spricht man, wenn ausschließlich aufgrund von Daten und Umständen eines Einzelfalles der angemessene Unterhalt bestimmt wird.

Die vorliegende Arbeit befaßt sich ausschließlich mit den Problemen pauschalierender Unterhaltsbemessung. Weder werden die materiellen Voraussetzungen gesetzlicher Unterhaltsansprüche erörtert, noch Fragen, die zwar die Höhe des Unterhalts betreffen, aber in keinem Zusammenhang mit pauschalierenden Berechnungsmethoden stehen. Letzteres betrifft insbesondere den Komplex der Ermittlung des verfügbaren Einkommens. Welche besonderen Lohnbestandteile, Sozialeinkünfte und Verbindlichkeiten einkommenssteigernd oder -mindernd zu berücksichtigen sind, ist zwar letztlich für die Höhe des Unterhalts von entscheidender Bedeutung, aber gleichwohl ein Problem, das der eigentlichen Bemessungsmethode vorgelagert ist. Alle Quoten, Schlüssel und Tabellen gehen bereits von einem bereinigten, anrechnungsfähigen Nettoeinkommen aus. Obwohl einige unterhaltsrechtliche Leitlinien sich ausführlich auch mit der Ermittlung des anrechnungsfähigen Einkommens befassen[13], ist dies nicht Gegenstand dieser Untersuchung.

Die Darstellung muß sich teilweise von der gesetzlichen Systematik lösen, wo dies aus Sachgründen angezeigt ist. So wird etwa kaum zwischen Trennungsunterhalt (§ 1361) und Geschiedenenunterhalt (§§ 1569 ff.) differenziert, weil die Bemessungsprobleme größtenteils identisch sind. Etwaige Unterschiede sind kenntlich gemacht oder ergeben sich aus der Natur der Sache, ansonsten wird einheitlich vom „Ehegattenunterhalt" die Rede sein. Weitere Abweichungen von der Systematik des BGB können sich aus der engen Verknüpfung und wechselseitigen Abhängigkeit der gesetzlichen Tatbestandsvoraussetzungen ergeben. Beispielsweise ist die Gliederung in „Bedürftigkeit" und „Leistungsfähigkeit" für Bemessungsfragen kaum brauchbar, weil beide Elemente durch die Schlüsselbegriffe „Bedarf" und „Lebensstellung" überlagert und miteinander verzahnt sind.

Die Untersuchung gliedert sich in drei äußerlich selbständige Teile: Im ersten Teil wird die historische Entwicklung der pauschalierenden Unterhaltsberechnung dargestellt. Dabei ist die Entstehungsgeschichte einzelner Schlüssel und Tabellen erst in zweiter Linie von Interesse; im Vordergrund steht der „Trend" zur Pauschalierung, also die dynamische Entwicklung und Formung eines weniger unbestimmten Unterhaltsrechts im Spannungsfeld zwischen Rechtsprechung und Legislative. Das Ziel der Darstellung ist, die Pauschalierung als geschichtlich gewachsenes Phänomen und die heutigen Berechnungsmethoden als Ergebnisse langer Entwicklungsprozesse zu zeigen. Die historische Sichtweise wird auch die übrigen Ausführungen prägen; deshalb ist der erste Teil für den Gesamtkontext unentbehrlich.

Der zweite Teil ist gewissermaßen die rechtliche Würdigung des ersten Teils. Zunächst wird versucht, die Pauschalierung methodenwissenschaftlich einzuordnen und ihre Vor- und Nachteile herauszuarbeiten. Gleichzeitig wird damit die Frage nach der grundsätzlichen Zulässigkeit schematischer Unterhaltsbemessung geklärt, noch nicht jedoch die Kompetenz der Justiz, ohne Mitwirkung des Gesetzgebers Selbsthilfe dieser Art zu betreiben. Letzteres bildet den Gegenstand eines eigenen Kapitels, das die Zulässigkeit von Tabellen und Richtlinien unter dem Aspekt des „Richterrechts" beurteilt.

Der letzte Teil befaßt sich mit unterhaltsrechtlichen Einzelfragen der heutigen Berechnungspraxis. Im Mittelpunkt steht die Düsseldorfer Tabelle in ihrer Originalfassung wie mit den Modifikationen, die sie durch obergerichtliche Leitlinien und die Revisionsrechtsprechung des BGH

[13] Hammer Leitlinien (sub I.) FamRZ 84, 963; Kölner Unterhaltsrichtlinien (sub B. I. u. II.) FamRZ 85, 24 (26); Bremer Leitlinien FamRZ 85, 28 (29).

erfahren hat. Ein System zur Unterhaltsberechnung muß den gesetzlichen Vorgaben entsprechen, systematisch geschlossen, in sich widerspruchsfrei und obendrein praktikabel sein. Wieweit die Düsseldorfer Tabelle diesen Anforderungen genügt, soll in diesem Teil der Arbeit geklärt werden.

Erster Teil

Geschichte der pauschalierenden Unterhaltsbemessung

I. Gesetzgebung und Rechtspraxis bis zum Zweiten Weltkrieg

1. Ehegattenunterhalt

a) Rechtszustand vor 1900 und gesetzliche Regelung durch das Bürgerliche Gesetzbuch vom 18. 8. 1896

Der Gedanke einer Unterhaltspflicht unter geschiedenen Ehegatten entwickelte sich erst im Aufklärungszeitalter[1]. Das römische Recht kannte „Ehescheidungsstrafen" zu Gunsten des schuldlosen Ehegatten; damit sollte der durch die Trennung eintretende Verlust von ehebedingten Vermögensvorteilen kompensiert werden[2]. Abgesehen vom Verlust der dos oder der donatio propter nuptias hatte der schuldige Teil ein Viertel seines Vermögens, im Falle des Ehebruchs sogar ein Drittel desselben als Scheidungsstrafe an den anderen Ehegatten auszuzahlen[3]. Diese Regelungen, die seit der Rezeption auch in Deutschland — teilweise mit Modifikationen[4] — praktiziert wurden, beinhalten die ersten „Quoten" des Scheidungsfolgenrechts. Im 19. Jahrhundert gewann die Vorstellung einer über die Scheidung hinausreichenden Unterhaltspflicht des schuldigen Ehegatten immer mehr Anhänger in der Wissenschaft[5] und schlug sich auch in mehreren Gesetzen nieder[6]; die Ansichten blieben jedoch nach wie vor geteilt[7]. Das preußische ALR[8] bot beide Alternativen: Statt einer Kapitalabfindung, die bei groben Verfehlungen ein Viertel, bei leichteren ein Sechstel des Vermögens des schuldigen

---

1 Zur historischen Entwicklung *Lotz* S. 9 f.

2 *Motive* S. 613.

3 *Windscheid* § 510.

4 Vgl. die Übersicht in *Motive* S. 614.

5 Nachweise in RGZ 8, 184 (186).

6 z. B. Gothaisches Ehegesetz (1834), § 166; Altenburger Ehegesetz (1837), 274; Sondershäuser Ehegesetz (1845), § 30.

7 Zahlreiche Nachweise für beide Ansichten bietet das RG (RGZ 8, 184 [186 f.]), das sich selbst gegen eine Unterhaltspflicht ausspricht.

8 2. Theil, 1. Titel, §§ 785 f., 798 f. ALR.

Ehegatten betrug, konnte die Frau auch lebenslangen standesmäßigen Unterhalt verlangen. Das französische[9], badische[10] und sächsische[11] Recht sahen einen Unterhaltsanspruch des bedürftigen Ehegatten vor. Der Entwurf des BGB schloß sich diesen Rechtsordnungen an, weil man Scheidungsstrafen und Entschädigungssystem für unvereinbar mit dem Wesen der Ehe hielt[12]. Nach § 1454 BGB-E hatte der allein für schuldig erklärte Ehegatte dem schuldlosen, bedürftigen Ehegatten standesmäßigen Unterhalt zu gewähren. Die Bemessung des Unterhaltsbetrags blieb der richterlichen Einzelfallentscheidung vorbehalten. Die Kommission hatte sich damit für eine Generalklausel entschieden. Dies war keineswegs selbstverständlich und auch nicht durch den individuellen Charakter der Alimentationspflicht — im Gegensatz zu den pauschalen Vermögensabfindungen — vorgegeben. Ein Gegenbeispiel bot der französische Code Civil, der ebenfalls — wie erwähnt — eine Unterhaltspflicht konstituierte, jedoch eine Quote von einem Drittel der Einkünfte als Höchstgrenze fixierte[13]. Die Kommission hat sich mit dieser auch in Deutschland teilweise gültigen[14] Vorschrift auseinandergesetzt und ihre Übernahme ausdrücklich abgelehnt, weil sie die Würdigung des Einzelfalles ausschließe[15]. Gleichwohl wurde in den Beratungen der Wunsch nach festen Quoten erneut geäußert; ein Abänderungsantrag[16] forderte eine quotenmäßige Begrenzung in Mangelfällen: Sofern der Verpflichtete den erforderlichen Unterhalt nur unter Beeinträchtigung seines eigenen standesmäßigen Unterhalts aufbringen könne, solle er zwei Drittel seines Einkommens für sich behalten dürfen. Ein anderer Antrag[17] ging noch weit darüber hinaus, indem er die Drittelung nicht nur auf Mangelfälle beschränkt wissen wollte, sondern generell ein Drittel des verfügbaren Einkommens als Höchstgrenze des Unterhaltsanspruchs festschreiben wollte.

Bei den Beratungen wurde der zweite Antrag als „unter allen Umständen unannehmbar" verworfen, weil bei ausreichender Leistungsfähigkeit kein Grund für eine Begrenzung des Anspruchs vorliege und eine derartige Generalisierung unbillig sei[18]. Angenommen wurde dage-

---

9 Art. 301 CC.

10 § 301 BadLR.

11 § 1750 SächsGB.

12 *Motive* S. 615.

13 Art. 301 CC. Die Vorschrift ist bis heute unverändert in Kraft.

14 Zur Geltung und Bedeutung des Code in Deutschland vgl. *Hattenhauer* Rdn 163 ff.

15 *Motive* S. 618.

16 Antrag 1 zu § 1454, *Protokolle* S. 515/516.

17 Antrag 7 zu § 1454, *Protokolle* S. 519.

18 *Protokolle* S. 524.

gen der erste Antrag[19], der die 1/3-Quote nur für Fälle mangelnder Leistungsfähigkeit vorsah. Im Gegensatz zur ersten Kommission war die zweite Kommission der Auffassung, „daß ein fester Maßstab für die Fälle ..., in denen die tathsächlichen Verhältnisse eine Einschränkung des Unterhaltsanspruchs verlangten", vorzuziehen sei; „die angenommene Quotentheilung sei auch keineswegs willkürlich oder mechanisch; sie beruhe auf der Erwägung, daß zwei Personen zum Leben verhältnismäßig weniger gebrauchten als eine"[20].

Dem Antrag 1 entsprechend ist diese Lösung als § 1579 Gesetz geworden. Bis zur Aufhebung der Vorschrift im Jahre 1938 enthielt § 1579 a. F. die bis heute einzige gesetzlich normierte Unterhaltsquote mit Geltung für das ganze Reichsgebiet.

b) Rechtspraxis und gesetzliche Änderungen der Folgezeit

Die Praxis der Unterhaltsbemessung nach Inkrafttreten des BGB ist kurz beschrieben: Die Gerichte haben im wesentlichen den abgelehnten Antrag verwirklicht, haben also das Drittelungsprinzip zur Regel gemacht. Meistens lagen ohnehin Mangelfälle vor, die § 1579 I BGB a. F. zur Anwendung kommen ließen, so daß die bequeme Drittelung sich einbürgerte und mangels anderer Bemessungshilfen auch auf Nichtmangelfälle ausgedehnt wurde[21].

Als der Gesetzgeber wieder eingriff, kehrten seine Regelungen diese herrschend gewordene Tendenz jedoch um: Durch das Ehegesetz von 1938[22] wurden die Vorschriften über die Scheidung der Ehe (§§ 1564—1587 BGB a. F.) aufgehoben und durch die §§ 46—83 EheG 38 ersetzt. Die den Geschiedenenunterhalt regelnden §§ 66 ff. EheG 38 enthielten keine Verteilungsquote mehr. Als Begründung wurde angeführt, die bisherige Regelung des § 1579 BGB a. F. sei zu starr, zu schematisch[23] und auch zu „verwickelt"[24] gewesen; eine Verteilung des Einkommens nach Billigkeitsgesichtspunkten sei vorzuziehen[25]. So bestimmte § 66 EheG 38, daß der „nach den Lebensverhältnissen der Ehegatten angemessene"[26] Un-

---

19 *Protokolle* S. 524.

20 *Protokolle* S. 524/525.

21 *Millauer* NJW 67, 1061; *Brühl* UnterhaltsR, 2. Aufl., S. 208; vgl. auch Palandt / *Lauterbach* 1. Aufl. 1939, § 1361, Anm. 3.

22 Gesetz zur Vereinheitlichung des Rechts der Eheschließung und der Ehescheidung im Lande Österreich und im übrigen Reichsgebiet vom 6. Juli 1938 (RGBl. I 807), im folgenden „EheG 38".

23 *Maßfeller* § 67, Bem. 2.

24 *Volkmar* § 67, Bem. 2; worin die „Verwicklung" liegen sollte, bleibt unerfindlich.

25 Amtliche Begründung zum EheG 38, abgedr. im Anhang bei *Volkmar*, (S. 477) 489.

26 Nunmehr war die Stellung b e i d e r Ehegatten, nicht nur des Bedürftigen, zu berücksichtigen.

terhalt zu gewähren sei, bei Gefährdung des eigenen angemessenen Unterhalts so viel, „als es der Billigkeit entspricht“, § 67 EheG 38. Im wesentlichen inhaltsgleich wurden diese Vorschriften als §§ 58, 59 des Kontrollrats-Ehegesetzes[27] nach dem Kriege übernommen.

Auch nach der Aufhebung des § 1579 BGB a. F. durch das EheG 38 benutzten die Gerichte weiterhin die Drittelquote als Orientierungshilfe, obwohl diese Praxis jetzt im offenen Widerspruch zur Gesetzgebungsgeschichte stand[28]. Diese Anlehnung an eine aufgehobene Vorschrift bei gleichzeitiger Überschreitung ihres begrenzten Anwendungsbereichs zeigt mit Nachdruck, wie groß das Bedürfnis nach gesetzlichen Hilfestellungen bei der Unterhaltsbemessung war.

2. Kindesunterhalt

a) Eheliche Kinder

§ 1610 BGB, die für die Höhe des Kindesunterhalts maßgebende Vorschrift, besteht sachlich unverändert[29] seit Schaffung des BGB und hatte auch in den Beratungen außerhalb der Diskussion gestanden[30]. Zwar haben sich die Ansichten über den Inhalt des Unterhaltsanspruchs, d. h. welche Posten zum Lebensbedarf eines Kindes zu rechnen sind, im Laufe der Rechtsgeschichte häufig verändert[31]. Übereinstimmung bestand jedoch zu allen Zeiten darin, daß die Höhe des Unterhalts vom Stande des Empfängers sowie den Bedürfnissen und Vermögensverhältnissen des konkreten Einzelfalls abhänge[32]. Der Gedanke einer Schematisierung lag um 1900 noch völlig fern und blieb es auch in den folgenden Jahrzehnten.

b) Uneheliche Kinder

Die rechtliche Gleichstellung ehelicher und unehelicher Kinder ist erst 1970 erfolgt, trotz früherer Verfassungspostulate in Art. 121 WRV und Art. 6 V GG. So verschieden bis dahin der Status des unehelichen Kindes von dem des ehelichen Kindes war, so unterschiedlich verlief auch

---

[27] Ehegesetz (Gesetz Nr. 16 des Kontrollrats) vom 20. Februar 1946 (KRABl. 77, ber. 294), im folgenden „EheG 46“.

[28] *Brühl / Göppinger / Mutschler*, Unterhaltsrecht (3. Aufl.), Teil 1, Rdn 306.

[29] Die Änderung vom „standesmäßigen“ in „angemessenen“ Unterhalt durch das FamRÄndG von 1961 war rein sprachlicher Natur, vgl. BT-Drs III/530, S. 25.

[30] Vgl. *Protokolle*, S. 491 ff.

[31] Dazu *Krause*, Die gegenseitigen Unterhaltsansprüche zwischen Eltern und Kindern . . ., 1982.

[32] Zu den entsprechenden Regelungen in den neuzeitlichen Kodifikationen vgl. *Krause* S. 147, 151, 157 f., 172.

die Entwicklung des Unterhaltsrechts. Die in unserem Zusammenhang wesentlichen Besonderheiten sind folgende: Das uneheliche Kind und sein Vater galten nicht als verwandt (§ 1589 II BGB a. F.). Infolgedessen hatte das Kind einen speziellen Unterhaltsanspruch gegen den Vater[33]; dieser haftete vorrangig vor der Mutter und unabhängig von seiner Leistungsfähigkeit auf den der Lebensstellung der Mutter entsprechenden Unterhalt (§§ 1708, 1709 BGB a. F.). Die elterliche Gewalt — und damit die Vertretungsmacht im Unterhaltsrechtsstreit — stand nicht der Mutter, sondern dem Jugendamt als Amtsvormund zu (§ 1707 BGB a. F., Art. 136 EGBGB a. F., §§ 35 ff. RJWG).

Mit diesen Regelungen hat das BGB nichts grundsätzlich Neues gebracht, sondern nur den bis dahin zersplitterten Rechtszustand vereinheitlicht. Zwar hatten alle Rechtsordnungen der Neuzeit den unehelichen Vater zur Unterhaltsleistung verpflichtet[34], doch die Variationen in der Rangfolge der Verpflichteten und der Höhe des Unterhalts waren vielgestaltig. Zur Übernahme ins BGB boten sich folgende Lösungen an[35]:

— primäre Haftung des Vaters, aber beschränkt auf das Existenzminimum („notdürftiger Unterhalt");

— Haftung auf den (vollen) standesmäßigen Unterhalt, gemeinsam mit den übrigen Verwandten des Kindes;

— Verpflichtung zur Zahlung eines pauschal bemessenen Unterhaltsbeitrags.

Die letztgenannte Lösung war zu dieser Zeit besonders im sächsisch-thüringischen Raum verbreitet[36]. Bereits im 17. Jahrhundert hatte es feste Unterhaltssätze gegeben, die meist per Polizeiordnung dekretiert worden waren[37]. Die späteren Gesetze enthielten Mindest- und Höchstgrenzen für den Unterhaltsbeitrag und überließen die Festsetzung innerhalb dieser Grenzen dem Richter. So bestimmte z. B. § 1862 SächsGB:

> Der Schwängerer hat zu dem Unterhalte ... einen Beitrag von wenigstens zwölf bis höchstens einhundertundzwanzig Thalern für das Jahr zu geben.

Gesetzlich festgelegte Mindestunterhaltssätze sind mithin keine Erfindung des modernen Sozialstaates, sondern eine vielen alten Rechten

[33] Über den Rechtsgrund dieses Anspruchs gingen die Ansichten auseinander, vgl. *Conrad* S. 325 f. und ausführlich *Pilet*, Der Rechtsgrund der Alimentationsverbindlichkeit ..., 1900. Da dieser Streit für die Bemessung des Unterhalts nicht von Belang war, soll er hier nicht vertieft dargestellt werden.

[34] Vgl. *Conrad* FamRZ 62, 322, 325; *Bosch*, DJT-Gutachten S. 15; *Leineweber* S. 129 f., 185 f., 229 ff.

[35] *Motive* S. 881 f.

[36] Vgl. die Übersicht in *Motive* S. 880.

[37] Vgl. *Leineweber* S. 193.

wohlvertraute Erscheinung[38]. Die 1. Kommission konnte sich jedoch mit einer derartigen Pauschalierung nicht anfreunden, weil „... die Festsetzung eines Minimum und Maximum für ein so großes einheitliches Rechtsgebiet, wie es künftig das deutsche sein wird, bei der Verschiedenheit der hier einschlagenden Verhältnisse, insbesondere der Preise und der Lebensbedürfnisse in den verschiedenen Theilen Deutschlands, nicht am Platze ist“[39]. Man entschied sich für die erstgenannte Lösung, die Primärhaftung auf den notdürftigen Unterhalt (§§ 1571, 1573 BGB-E). Die 2. Kommission verschärfte den Entwurf erheblich, indem sie die Verpflichtung auf den vollen, standesmäßigen Unterhalt erweiterte[40], wie es als § 1708 I BGB a. F. Gesetz wurde:

> Der Vater des unehelichen Kindes ist verpflichtet, dem Kinde bis zur Vollendung des sechzehnten Lebensjahres den der Lebensstellung der Mutter entsprechenden Unterhalt zu gewähren. Der Unterhalt umfaßt den gesamten Lebensbedarf sowie die Kosten der Erziehung und der Vorbildung zu einem Berufe.

Der praktische Umgang mit dieser unbestimmten Vorschrift beschäftigte nicht nur die Gerichte, sondern auch die Jugendämter in ihrer Funktion als Vormund. Diesen oblag die Pflicht, die Gerichte bei der Ermittlung angemessener Unterhaltssätze zu unterstützen[41]. Es galt festzustellen, welchen Lebensbedarf ein Kind nach dem Stande seiner Mutter hatte und welcher Geldbetrag zu seiner Deckung erforderlich war. Die Jugendämter sammelten statistische Daten und versuchten aufzulisten, was ein Kind brauchte und was diese Dinge kosteten[42]. Solche Bedarfslisten enthielten in der Regel nur die existentiellen Dinge, waren also am notdürftigen Unterhalt und nicht am angemessenen orientiert, was ihre Brauchbarkeit als Orientierungshilfe aber nicht einschränkte. Der quantitativ unterschiedliche Bedarf bei steigendem Lebensalter führte bei genauer Bedarfsermittlung zu altersmäßig differenzierten Unterhaltsbeträgen — eine heutzutage selbstverständliche, damals langsam sich durchsetzende Neuerung[43].

---

38 Bei der „Renaissance“ des Mindestunterhalts in der Reformdiskussion der sechziger Jahre wurde auch dies rechtshistorische Argument aufgegriffen, z. B. *Jansen / Knöpfel*, Das neue Unehelichengesetz, S. 198, vgl. i. ü. unten II. 3. b).

39 *Motive* S. 882.

40 *Protokolle* S. 681.

41 § 43 RJWG. Vor Erlaß des RJWG im Jahre 1922 oblag den örtlichen Fürsorgestellen kraft Landesrechts die Berufsvormundschaft und damit die Sorge um den Unterhalt des unehelichen Kindes; vgl. dazu *Hasenclever* S. 24 ff.

42 Vgl. *Mohrmann* ZBlJR XVI (1924/25), 281.

43 *Segall* ArchBürgR 32 (1908), 442; Kritisch: *Frese* DJZ 08, 1014; *Brettner* DR 04, 496.

Viele Richter orientierten sich bei der Festsetzung des Unterhaltsbetrags an den Angaben der Jugendämter oder übernahmen deren Aufstellungen für die eigene Spruchpraxis[44]. Andere stützten sich bei der Urteilsfindung auf Auskünfte der allgemeinen Verwaltungsbehörden über die üblichen Lebenshaltungskosten[45]. Auch die Anhörung von Sachverständigen, z. B. Säuglingsschwestern, war üblich[46]. Wie lebensnah diese Bedarfsermittlung bisweilen vor sich ging, belegt eine Prozeßschilderung aus dem Jahre 1902[47]:

> Nun wurden im Dorf zwei tüchtige, umsichtige Arbeiterfrauen ausfindig gemacht, die aus eigener Erfahrung — die eine hatte sechs eheliche Kinder [...], die andere fünf eigene Kinder [...] und sieben Stiefkinder — über die Lebensbedürfnisse eines Kindes und die Kosten dafür auf das beste unterrichtet sein mußten [...]. Der Richter erörterte mit ihnen im einzelnen alle Lebensbedürfnisse und die dafür Jahr für Jahr unter normalen Verhältnissen aufzuwendenden Kosten.

Noch aufwendiger arbeitete das Königliche Amtsgericht Stolp[48] in einem Rechtsstreit im Jahre 1908:

> Es war deshalb nötig, die Unterhaltskosten durch eine eingehende Untersuchung zu ermitteln. Ein überzeugendes Ergebnis war am ersten von der Vernehmung von Frauen zu erwarten, die in der Kindererziehung Erfahrung haben. Bei der Auswahl der Sachverständigen ist das Gericht davon ausgegangen, daß bei Arbeiterfrauen, die auf ganz einfacher Bildungsstufe stehen, ein rechnerisch exakter Überblick über die Wirtschaftsführung nicht mit Sicherheit vorausgesetzt werden konnte. Ausgewählt wurde deshalb in erster Linie eine als zuverlässig und intelligent bekannte Hebamme, die mit den Verhältnissen einfacher Leute durchaus vertraut und selbst Hausfrau und mehrfach Mutter ist, daneben [...] eine Kaufmannswitwe, die mehrfach fremde Kinder aufgezogen hat und sich eines guten Rufes erfreut. Zur Nachprüfung des Gutachtens wurden sechs [...] gewerbsmäßige Kinderpflegerinnen, meist Arbeiterfrauen, als Zeugen vernommen. Schließlich wurde der Versuch gemacht, durch Vergleichung mit den entsprechenden Feststellungen des Berliner Polizeipräsidiums einen Rückschluß auf die Richtigkeit der eigenen Ergebnisse zu gewinnen.

Bemerkenswert ist bei alledem, daß von Anfang an die abstrakte Bedarfsermittlung die übliche Methode war: Es wurde nicht geprüft, was das anspruchstellende Kind brauchte, sondern was ein Kind generell brauchte. Da jeder Richter und jeder Vormund seine eigenen Vorstellungen vom Unterhaltsbedarf eines Kindes hatte, waren naturgemäß erhebliche Differenzen in den zugesprochenen Beträgen zu erwarten. Andererseits sollten die Unterhaltssätze verallgemeinerungsfähig sein, zu-

---

[44] *Müller* ZBlJR XVI (1924/25), 177.

[45] *Simon* DJZ 06, 255.

[46] *Webler* ZBlJR XVII (1925/26), 288.

[47] *Reinsch* DJZ 06, 587.

[48] Urteil v. 10. 2. 1908 — C 1196/07 — teilw. veröffentlicht im Anhang zu *Link*, Unterhaltssätze, S. 73.

mindest die Methode ihrer Ermittlung, bei vergleichbaren wirtschaftlichen Verhältnissen auch die konkreten Ergebnisse. Erster Schritt auf dem Weg zu einer Vereinheitlichung war eine möglichst breite Publizierung der bestehenden Praxis, um Bestandsaufnahmen und Vergleiche überhaupt zu ermöglichen. Die ersten Berichte dieser Art[49] offenbarten erhebliche Differenzen, die nicht nur im unterschiedlichen Preisniveau zwischen Stadt und Land begründet waren, sondern auf unterschiedlichen Ansichten über angemessene Bedürfnisbefriedigung beruhten. Es ist auffallend, wie intensiv man sich um Vereinheitlichung bemühte; offenbar wurden Divergenzen solcher Art für schwer tragbar gehalten. Die Bemühungen waren um so leichter und erfolgversprechender, je kleiner der regionale Bereich war, für den Einheit erzielt werden sollte. Zeitschriftenbeiträge berichten von Absprachen zwischen Richtern, Vormündern und beteiligten Fachleuten, um sachgerechte, einheitliche Unterhaltssätze für eine bestimmte Region, z. B. eine Großstadt mit mehreren zuständigen Amtsrichtern, zu erreichen[50]. Um einen Überblick über größere Gebiete zu erhalten, verfiel man bereits 1906 auf die Idee einer schriftlichen Umfrage bei den zuständigen Gerichten, was die aufwendige Auswertung meist unveröffentlichter Urteile ersparte. Initiator war die öffentliche Rechtsauskunftsstelle in Lübeck; im zweijährigen Turnus wurde die Umfrage wiederholt und zuletzt auf sämtliche deutschen Amtsgerichte ausgedehnt[51]. Die Ergebnisse des Jahres 1910[52] weisen auf über 50 Seiten die üblichen Unterhaltssätze von 1770 Amtsgerichten aus, die selbst in wirtschaftlich vergleichbaren Gebieten weit auseinanderklafften. Exemplarisch sollen hier die Sätze einiger Amtsgerichte im Münsterland wiedergegeben werden[53], die immerhin in einem homogenen Wirtschaftsgebiet und zudem im selben LG-Bezirk (Münster) lagen:

Vreden	120 Mark p. a.
Oelde	160 Mark p. a.
Ibbenbüren	160 Mark p. a.
Rheine	180 Mark p. a.
Dülmen	180 Mark p. a.
Lüdinghausen	240 Mark p. a.
Warendorf	240 Mark p. a.

Die Veröffentlichung solcher Übersichten bot einen Überblick über die Praxis, konnte aber den Prozeß der Vereinheitlichung nicht entschei-

---

[49] *Segall* ArchBürgR 32 (1908), 442; *Frese* DJZ 08, 1009.

[50] *Webler* ZBlJR XVII (1925/26), 288; *Segall* ArchBürgR 32 (1908), 442.

[51] Vgl. *Link* DJZ 12, 273.

[52] Veröffentlicht unter dem Titel „Die Unterhaltssätze für uneheliche Kinder nach der Praxis der deutschen Amtsgerichte“, Lübeck 1911; ein knapper Bericht über die Resultate bei *Link* DR 11, 485.

[53] aaO, S. 9 ff.

dend beschleunigen, weil es an verbindlichen Richtlinien weisungsbefugter Stellen mangelte. Die Übersichten konnten lediglich an die Einsicht der Richter appellieren, extreme Unterhaltssätze aufzugeben und z. B. die Sätze des benachbarten Amtsgerichts zu übernehmen. Immerhin war auf seiten der Jugendämter eine „Zentralinstanz" vorhanden, nämlich das Archiv deutscher Berufsvormünder, das sich im Rahmen seiner Möglichkeiten sehr um Rechtseinheit bemühte[54]. Jugendamtliche Bestrebungen waren freilich immer zwiespältig, weil sie nicht nur einheitliche, sondern auch *höhere* Sätze zum Ziel hatten. Welches Anliegen im Vordergrund stand, läßt sich selten exakt ausmachen. Das Archiv widmete sich der wissenschaftlichen Bedarfsermittlung, veröffentlichte Bedarfsaufstellungen[55] und vertrat die Forderungen der Berufsvormünder gegenüber zuständigen Reichsstellen[56].

Der Erfolg der geschilderten Maßnahmen läßt sich nicht genau bewerten. Die Divergenzen in den üblichen Unterhaltssätzen waren in den dreißiger Jahren jedenfalls geringer als zu Beginn des Jahrhunderts. Andererseits war es trotz häufiger Forderungen nach zentralen Richtlinien[57] noch nicht zu legislativen oder exekutiven Maßnahmen gekommen. Trotzdem muß man feststellen, daß die pauschalierende Unterhaltsberechnung in diesem Bereich weit entwickelt war. Ein vergleichender Blick auf den Unterhalt *ehelicher* Kinder zeigt, daß hier von Schematisierung noch keine Rede war. Im Jahre 1934 klagte ein Amtsrichter[58]:

> Das Nötigste für den mit Unterhaltsfragen befaßten Richter und Anwalt wären brauchbare Handhaben für die Bestimmung des notdürftigen und des standesgemäßen Unterhalts. Darüber kann man jetzt kaum eine halbwegs sichere Auskunft geben, und es herrscht das Gutdünken des Richters. [...] Zur Berechnung des standesgemäßen Unterhalts habe ich für die Rechtsprechung brauchbare Berechnungen nicht finden können.

Daß die Entwicklung schematisierter Berechnungshilfen bei den unehelichen Kindern so vorangetrieben wurde, hingegen bei den ehelichen zurückhinkte — ein Zustand, der sich nach dem Zweiten Weltkrieg fortsetzen sollte —, hat einleuchtende Gründe: Der Unterhaltsanspruch des unehelichen Kindes war von seinem Charakter her viel geeigneter für Pauschalierungen als derjenige des ehelichen Kindes. Zum einen war er weitgehend unabhängig von der Leistungsfähigkeit des Vaters und

[54] Vgl. *Webler* ZBlJR XVII (1925/26), 287 ff.

[55] Eine Synopse von 6 Bedarfstabellen ist in ZBlJR XVI (1924/25), 282 f. veröffentlicht.

[56] Vgl. ZBlJR XVI (1924/25), 263.

[57] *Frese* DJZ 08, 1015; Beschluß der Tagung des „Archivs deutscher Berufsvormünder" im Aug. 1924, mitgeteilt von *Webler* ZBlJR XVI (1924/25), 191; *Müller* ZBlJR XVI (1924/25), 179.

[58] *Lutz* JW 34, 1769.

zudem durch die Fiktion der Nichtverwandtschaft in hohem Maße entpersönlicht. Zum anderen dürften auch noch nach 1900 latent verbreitete Vorstellungen vom Delikts- oder Strafcharakter dieser Unterhaltspflicht die Neigung zur Vernachlässigung individueller Umstände begünstigt haben. Die übliche Scheu der Juristen vor zu starker Nivellierung dürfte gerade in diesem Bereich aus moralisch-ideologischen Gründen gering gewesen sein. Wichtigster Grund war wohl die Rolle, die die Amtsvormünder bei der geschilderten Entwicklung spielten: Mit ihrer Beteiligung zog sozusagen öffentlich-rechtliches Denken in die privatrechtliche Materie ein und drängte nach festen Richtlinien, mit denen die Exekutive zu arbeiten gewohnt ist. Die Schematisierung im Unterhaltsrecht begann nicht zufällig an der Nahtstelle zum öffentlichen Recht.

II. Rechtsentwicklung von 1945 bis zum Inkrafttreten des 1. EheRG im Jahre 1977

1. Entwicklung von Unterhaltsschlüsseln

Bereits vor dem Zweiten Weltkrieg war von sächsischen Gerichten eine Formel entwickelt worden, um die nach § 850 d ZPO pfändungsfreien Unterhaltsbeträge zu ermitteln[1]. Danach ergab sich als Unterhalt (U) eines Kindes

$$U = \frac{\text{Nettoeinkommen}}{6 + \text{Anzahl der Kinder}}$$

Der Unterhalt der Frau sollte doppelt so hoch wie der auf ein Kind entfallende Betrag sein und dem unterhaltspflichtigen Mann der Rest gebühren. Die Relation Mann : Frau : Kind betrug somit 4 : 2 : 1. Diese Aufteilung wurde fortan nach dem Ort ihrer Entstehung als „Zwickauer Schlüssel" bezeichnet.

Nach dem Krieg setzten Richter aus Sachsen, die an Gerichten in Schleswig-Holstein tätig waren, die Rechtsprechung in Unterhaltssachen in der bisherigen Weise fort, so daß sich zum Teil auch die Bezeichnung „Kieler Formel" einbürgerte[2]. In einer Entscheidung des OLG Schleswig[3] heißt es:

> Wie der Senat bereits [...] dargelegt hat, bietet bei Unterhaltsregelungen nach § 627 ZPO [a. F.] im allgemeinen, d. h. wenn nicht besondere Um-

---

[1] Vgl. LG Gera DAVorm 51/52, 117.

[2] Vgl. *Kalthoener / Haase-Becher / Büttner* (i. f. *K/H-B/B*), 2. Aufl., Rdn. 67.

[3] MDR 55, 231. Das OLG war nur zuständig, weil es sich um ein Verfahren vorläufigen Rechtsschutzes handelte; ansonsten waren die Landgerichte in Unterhaltssachen letzte Instanz.

stände eine Abweichung erfordern, eine Faustregel einen Anhalt, die davon ausgeht, daß der alleinstehende berufstätige und danach zu Unterhaltsleistungen fähige Mann zu größeren Ausgaben gezwungen ist, als die den Haushalt mit dem Kinde oder den Kindern führende Ehefrau, und die das Einkommen so aufteilt, daß vier Punkte für den Mann, zwei Punkte für die Ehefrau, ein Punkt für jedes Kind gerechnet werden und die gesamte Zahl der Punkte den Devisor ergibt, durch den das Einkommen des Mannes zu teilen ist, wobei dann dem Manne immer vier solcher Teile verbleiben, deren Wert aber mit zunehmender Kinderzahl kleiner wird, weil der Nenner des Bruchs mit zunehmender Kinderzahl größer wird.

Vermutlich wegen seiner Einfachheit wurde der Zwickauer/Kieler Schlüssel relativ schnell bekannt und von zahlreichen Gerichten als Orientierungshilfe gebraucht[4].

Die nun stärker aufkommende Auseinandersetzung brachte auch Kritik hervor, die sich sowohl gegen die Pauschalierung generell[5] als auch gegen den Zwickauer Schlüssel im besonderen[6] richtete. Strittig war vor allem die zweckmäßige Relation der einzelnen Unterhaltsberechtigten, mit anderen Worten das Verhältnis der Punkte. *Rassow*[7] wandte sich insbesondere gegen die Aufteilung im Verhältnis der Ehegatten untereinander (4 : 2), die ja dem alten Drittelungsprinzip entsprach; eine solche Aufteilung sei unter Berücksichtigung des Gleichberechtigungsgedankens nicht gerechtfertigt, sondern sei vom „Geist des Patriarchats" diktiert[8]. Der berufsbedingte Mehraufwand des unterhaltspflichtigen Mannes sei durch einen zusätzlichen Punkt ausreichend berücksichtigt, so daß ein Verhältnis von 4 : 3 angemessen sei[9]. Der Kindesunterhalt, nach *Rassows* Meinung im Zwickauer Schlüssel zu niedrig angesetzt, solle mit zwei Punkten berücksichtigt werden, so daß insgesamt eine Aufteilung im Verhältnis 4 : 3 : 2 angemessen sei[10].

Dieser Vorschlag brachte zwar eine zeitgemäße Besserstellung der unterhaltsberechtigten Ehefrau, hatte aber auf der anderen Seite den Fehler, die Kinder im Verhältnis zum Unterhaltspflichtigen unvertretbar günstig zu stellen[11]. Deshalb konnte der *Rassow*sche Schlüssel vielfach keine Anerkennung finden[12]. Ein Arbeitskreis beim Landkreistag Ba-

---

4 LG Stuttgart NJW 58, 1730; *Brühl* UnterhaltsR S. 207 spricht bereits 1963 von „weiter Verbreitung".

5 Dazu erst später im 2. Teil.

6 *Göppinger* DRiZ 68, 299 (300); *Rassow* FamRZ 69, 515 ff.; *Heidelberger Empfehlungen* DAVorm 70, 241 (246 f.); *Frank / Zeller* FamRZ 71, 354 ff.; eingehend LG Stuttgart FamRZ 74, 469 (472); LG Düsseldorf DAVorm 71, 286 (288).

7 FamRZ 69, 515 ff.

8 aaO S. 518.

9 aaO S. 518.

10 aaO S. 519.

11 Ebenso *Frank / Zeller* FamRZ 71, 354 (358).

12 *Becker* ZBlJR 71, 281 (285).

den-Württemberg unter dem Vorsitz von *W. Frank*[13] kam zu dem naheliegenden Schluß, daß die „Wahrheit in der Mitte" zwischen Zwickauer Schlüssel und *Rassow*schem Schlüssel liege und entwickelte daraus die sog. „Mittelwertformel" 8 : 5 : 3. Als Teil einer umfangreichen Empfehlung zur Unterhaltsberechnung wurde diese Formel allen Jugendämtern in Baden-Württemberg als Hilfsmittel zur Einkommensaufteilung vorgeschlagen[14].

Beim LG Hamburg gebrauchte man den Schlüssel 12 : 12 : 3 (4)[15], der insoweit eine Besonderheit aufwies, als er Kindern über zehn Jahren einen zusätzlichen Punkt (vier statt drei) zubilligte und die Ehegatten im Verhältnis zu den Kindern gleichstellte.

Neben diesen erwähnten Schlüsseln gab es noch eine Reihe weiterer Zahlenformeln, die jedoch keine überregionale Bedeutung erlangt haben[16]. Schließlich sind der Vielfalt bei der Entwicklung von Verteilungsschlüsseln gewisse Grenzen gesetzt[17]; der Spielraum für dogmatische Unterschiede ist im Grunde gering, nur die Details lassen sich rechnerisch beliebig variieren. Daher mag die Frage nach dem richtigen Verhältnis der Punkte zueinander für die Höhe der Unterhaltsbeträge zwar entscheidend sein, an der Methode selbst und ihrer grundsätzlichen Eignung oder Nichteignung zur Unterhaltsbemessung ändert eine Punkteverschiebung nichts. Deshalb ist es unergiebig, genau zu klären, welches Gericht welchen Schlüssel gebrauchte. Es reicht die Feststellung, daß der Zwickauer Schlüssel die weitaus größte Verbreitung genoß. Aufschlußreicher ist die Frage, wann überhaupt und in welcher Art und Weise Schlüssel verwendet wurden. Dabei stößt man auf folgenden Befund: Während die Schlüssel in den ersten Jahren nach ihrem Aufkommen noch überwiegend zur direkten Bestimmung der Anspruchshöhe dienten, kam es später zu einer differenzierten Handhabung und in den siebziger Jahren schließlich zum vollständigen Aussterben dieser Verteilungsmethode. Bereits die „Mittelwert-Formel" diente von Anfang an lediglich als Ergänzung zu einer Bedarfstabelle; die Hamburger Formel sollte zur Ermittlung eines rechnerischen Zwischenbetrags angewendet werden, der in Kassel gebräuchliche Schlüssel[18] war von der Idee her zur Überschußverteilung gedacht. Auch der Zwickauer Schlüssel wurde zweckentfremdet und teilweise nur als Kontrollmaßstab zur Begrenzung

---

13 *Frank / Zeller* FamRZ 71, 354 (358).

14 Veröffentlicht in NDV 70, 237 (241).

15 *Bursch* NJW 68, 429 (430) und *derselbe:* Zur Praxis des Unterhaltsrechts in Hamburg, S. 1.

16 Vgl. i. e. *K/H-B/B* 1. Aufl. Rdn 29 ff.; auch *Becker* ZBlJR 71, 281 (286).

17 So zu recht *K/H-B/B* 2. Aufl. Rdn. 68.

18 Vgl. *Henseling,* S. 41 ff.

der Leistungsfähigkeit eingesetzt[19]. Generell läßt sich sagen, daß das simple Prinzip, das den Schlüsseln zugrunde liegt, zunehmend als starr empfunden wurde. Die Folgen waren Modifikationen, eingeschränkter Gebrauch etwa in der geschilderten Weise oder auch gänzlicher Verzicht auf Hilfen dieser Art. Ein Überblick über die bestehende Praxis ließ sich nur mittels Umfragen gewinnen, denn veröffentlichte Judikatur gab es kaum. Ende der sechziger Jahre ergaben Umfragen des Deutschen Instituts für Vormundschaftswesen, daß die meisten Gerichte den Zwickauer Schlüssel gebrauchten[20]. Doch schon 1974 zeigte sich in der verdienstvollen Umfrage von *Kalthoener, Haase-Becher* und *Büttner*, daß von 93 deutschen Landgerichten nur noch 34 einen Schlüssel benutzten[21]. Die „Neuauflage" dieser Umfrage im Jahre 1979 bei den nunmehr zuständigen Oberlandesgerichten belegt das vollständige Aussterben der klassischen Schlüssel zumindest in der obergerichtlichen Rechtsprechung[22].

2. Entstehung von Unterhaltstabellen

a) Allgemeines

Die gesetzliche Regelung, daß jeder Unterhaltsanspruch von der Lebensstellung abhängig ist, läßt die Idee einer Unterhaltstabelle an sich nur vernünftig erscheinen: Wann immer ein Wert in seiner Abhängigkeit von (einem oder mehreren) anderen veränderlichen Werten darzustellen ist, bietet sich eine Tabelle geradezu an. Deshalb gibt es Steuertabellen, Pfändungstabellen, Gebührentabellen etc.

Es wurde schon erwähnt, daß „Tabellen" für den Unterhalt unehelicher Kinder bereits vor dem Krieg gebräuchlich waren. Dies waren aber genaugenommen nur Aufstellungen von Gebrauchsgegenständen nebst Mengen und Preisen, also keine Tabellen im strengen Sinne. Die Relation zwischen Lebensstellung und Unterhaltsbedarf tabellarisch zu erfassen, wurde erst notwendig, als sich die gesellschaftliche Einstellung zur Unehelichkeit wie zur Berufstätigkeit von Frauen veränderte: Vormals gehörten Mütter unehelicher Kinder in der Regel zum „Arbeiter- und Dienstbotenstand", genauer gesagt: nur solche Fälle kamen vor die Gerichte. Erst als vermehrt Mütter aus mittleren bis höheren sozialen Schichten um Unterhalt für ein uneheliches Kind stritten und Frauen öfter durch qualifizierte Berufe eine höhere Lebensstellung bekleideten, merkte man, daß der Einheitsrichtsatz nicht allen Fällen gerecht wurde, sondern eine Staffelung erforderlich war.

---

19 Vgl. *Heidelberger Empfehlungen* DAVorm 70, 241 (246 ff.).

20 Mitgeteilt vom DIV auf Anfrage.

21 *K/H-B/B* 1. Aufl., Rdn 29 ff.

22 *K/H-B/B* 2. Aufl., Rdn 67, 69.

Das Deutsche Institut für Vormundschaftswesen teilte erstmals die Mütter in fünf Lebensstellungsgruppen ein[23] und begründete damit das sogenannte Gruppenschema, das bis heute allen Unterhaltstabellen zugrunde liegt. Maßgebliches Kriterium für die Eingruppierung war die gesellschaftliche Funktion, die ihrerseits vornehmlich vom ausgeübten Beruf bestimmt wurde. Das entsprach seinerzeit der gängigen Interpretation des Begriffs „Lebensstellung"[24]. Die Skala reichte von „Mütter einfachsten Standes (ungelernte Fabrikarbeiterinnen, Landarbeiterinnen, Hausangestellte) (Gruppe 1)" bis hin zu „Mütter in gehobenen Stellungen (Akademikerinnen, Künstlerinnen) (Gruppe 5)". Die Unterhaltssätze selbst, also die ausgewiesenen DM-Beträge, beruhten wie ehedem auf Warenkorbberechnungen, die mehr oder weniger repräsentativ von Zeit zu Zeit neu aufgestellt oder fortgeschrieben wurden[25]. Diese einfachen Tabellen für den Unterhalt nach § 1708 BGB a. F. waren Anregung und Vorbild für die nun einsetzende Entwicklung umfassenderer Unterhaltstabellen. Hier zeigt sich erneut die Schrittmacherfunktion des Unehelichenunterhalts.

b) Entstehung und Fortentwicklung der Düsseldorfer Tabelle

Im Juli 1962 erschien in der Deutschen Richterzeitung[26] eine „Tabelle über monatliche Unterhaltsrichtsätze", die von der zuständigen Berufungskammer des LG Düsseldorf erarbeitet worden war. Bereits vorher war die Tabelle als Arbeitsgrundlage von dem Gericht benutzt worden; die örtlichen Rechtsanwälte drängten darauf, die Unterhaltsrichtsätze „auf den Tisch zu legen" und zu veröffentlichen[27]. Die Tabelle war folgendermaßen aufgebaut: Sie enthielt neun Querreihen, die verschiedenen Lebensstellungsgruppen entsprachen, und neun Spalten für verschiedene Anspruchsberechtigte: für Kinder, wiederum unterteilt in verschiedene Lebensaltersstufen, für den Ehegatten sowie eine Spalte für den Selbstbehalt des Pflichtigen. Außerdem wurden in sieben Fußnoten knappe Anmerkungen hinzugefügt. Der Unterhalt unehelicher

---

23 DAVorm 1949/50, 41.

24 Vgl. z. B. *Lehmann* (2. Aufl. 1948), § 42 III. 1: Lebensstellung ist abhängig von persönlichen Anlagen, Ausbildung und Berufswahl, Persönlichkeitsentwicklung und erlangter Berufsstellung. LG Stuttgart NJW 52, 547 im Leitsatz: „Die Lebensstellung der Mutter ... ist nicht ausschließlich nach der Art der beruflichen Betätigung, der Höhe des Einkommens und der Größe des Vermögens zu bestimmen. Ebenso wichtig ist die genossene Ausbildung und Erziehung, der Stand der Eltern oder des Ehegatten, und eine Reihe anderer Umstände ...".

25 Dazu im einzelnen sogleich unter 3. a).

26 DRiZ 62, 251.

27 Vgl. *Köhler* FamRZ 82, 130. Eigentlich gehörte die Tabelle zur Begründung des Urteils vom 1. 3. 62 (FamRZ 62, 213), war dort aber nicht vollständig mitgeteilt worden.

Kinder konnte sowohl altersmäßig gestaffelt den Spalten für eheliche Kinder entnommen werden als auch einer besonderen Spalte, die eine auf 16 Jahre pauschalisierte Summe der vorstehenden Sätze auswies.

Aus heutiger Sicht auffallend ist die ausgeprägte altersmäßige Differenzierung des Kindesunterhalts sowie die damit verbundene starke Steigerung der Bedarfsbeträge. In der niedrigsten Gruppe sah das folgendermaßen aus:

Jahre	1—6	6—10	10—14	14—18	18—21	21—25
DM	70	85	105	125	180	200

Die Lebensstellungsgruppen waren nach Merkmalen wie Bildung, Ausbildung, Berufsqualifikation etc. zusammengestellt. Vermögen und Einkommen waren erst in zweiter Linie maßgebend[28]. Immerhin wurden die Einkommensverhältnisse als Hilfsmittel zur Einordnung anderer Berufsgruppen in Klammern mitangegeben. Die Umschreibung der mittleren Lebensstellungsgruppe las sich beispielsweise folgendermaßen:

5. selbständige Handwerker; Gewerbetreibende und Bauern mit mittleren Betrieben; HTL-Ingenieure, -Architekten; Lehrer; gehobene mittlere Beamte (900 bis 1400 DM).

Im März 1965 legte die Kammer eine verbesserte Fassung der Tabelle mit neuen, den gestiegenen Lebenshaltungskosten angepaßten Beträgen vor[29]. Aus vorher neun Lebensstellungsgruppen waren sieben geworden, indem man die beiden untersten und die beiden obersten Gruppen zusammengefaßt hatte. Zudem enthielt die nunmehr höchste Gruppe („Führungskräfte der Wirtschaft und des Staates“) keine festen Zahlen mehr, sondern nur die Anordnung einer progressiven Fortschreibung der darunterliegenden Zahlen. Neu war auch der Hinweis in den Anmerkungen, daß der Unterhaltsbedarf auf eine Familie mit zwei Kindern bezogen sei.

Die Weiterentwicklung der Tabelle in den folgenden Jahren vollzog sich in einem Klima verstärkter Auseinandersetzungen; die Diskussionen um Unterhaltsprobleme wurden engagierter, die Fronten der Interessenvertreter teilweise härter. Höhepunkt des Streites war ein Beschluß des LG Düsseldorf vom 15. 11. 1967[30], in dem die Kammer eine Erhöhung ihrer eigenen Unterhaltssätze ablehnte und in scharfer Form gegen überhöhte Unterhaltssätze für Uneheliche und ihrer Ansicht nach untaugliche Warenkorbberechnungen zu Felde zog. Der Widerspruch seitens der Interessenvertreter der unehelichen Kinder blieb natürlich

[28] So die Erläuterung in Fußnote 2 zur Tabelle.

[29] DRiZ 65, 212.

[30] ZBlJR 68, 114.

nicht aus[31]. Als Reaktion auf diese Auseinandersetzung[32] trafen sich 33 mit Unterhaltssachen befaßte Richter aus Berufungskammern nordrhein-westfälischer Landgerichte im Oktober 1968 zu einer Arbeitstagung, deren Ergebnis in einer Entschließung bekanntgemacht wurde[33]. Darin forderten die Richter ein verstärktes Mitspracherecht bei der Ermittlung von Unterhaltssätzen und bestimmten zu diesem Zweck Delegierte aus ihrer Mitte; außerdem wurde ein regelmäßiger Erfahrungsaustausch beschlossen. Das Treffen vom Oktober 1968 dürfte insofern historische Bedeutung haben, als die Richter von nun an massiv die Initiative in Unterhaltsfragen ergriffen[34] und der bis dahin beispiellose Vorgang richterlicher Rechtsfindung außerhalb der Entscheidungstätigkeit hier seinen Anfang nahm[35].

Kurze Zeit später erfolgte eine Neubekanntmachung[36] der Düsseldorfer Tabelle (die jetzt auch offiziell diese Überschrift trug) mit Wirkung vom 1. 1. 69. Die Ergebnisse des vorausgegangenen Treffens fanden darin bereits ihren Niederschlag. Das Gericht nahm wiederum einen gewöhnlichen Unterhaltsprozeß zum Anlaß, in aller Ausführlichkeit seine Auffassungen zur Unterhaltsberechnung darzulegen[37] und die Neufassung der Tabelle in die Entscheidungsgründe einzubeziehen. Die Kammer erläutert ihr Bestreben nach einem einheitlichen Unterhaltsrecht[38]:

> In richtiger Würdigung der Einheitlichkeit des gesamten Unterhaltsrechts hat die erkennende Kammer durch die Aufstellung von Unterhaltsrichtsätzen in den Jahren 1962 und 1965 den Versuch unternommen, die gleichberechtigten Ansprüche aller unterhaltsberechtigten Kinder und Frauen miteinander in einer übersichtlichen Tabelle abzustimmen [...], und zwar nicht bezogen auf den LG-Bezirk Düsseldorf, sondern auf die gesamte Bundesrepublik. Zum dritten Mal legt die Kammer nunmehr in weiterentwickelter Form, gültig ab 1. 1. 1969, neue Unterhaltsrichtsätze vor. Sie sind Stückwerk und mögen die Gefahr einer allzu schematischen Anwendung in sich bergen. Dennoch hat sich die Kammer zu ihrer Fortentwicklung entschlossen. Maßgeblich war dabei nicht der Widerhall, welche die Unterhaltsrichtsätze der Kammer bei Gerichten, Sozial-, Versorgungs- und Jugendämtern und vor allem bei der Anwaltschaft gefunden hat. Entscheidend war vielmehr die seit der Anwendung des „Zwickauer Schlüssels" erkannte Notwendigkeit, in der täglichen Praxis den Unterhaltsrichtern, den Rechtsanwälten [...] und Fürsorgern wenigstens einen Ansatzpunkt für eine möglichst

---

31 *Webler* ZBlJR 68, 116; *Dendorfer* ZBlJR 68, 160.

32 Vgl. Erklärung in ZBlJR 69, 22.

33 DRiZ 68, 417.

34 Zwar hatten sich schon im März 1968 Unterhaltsrichter des OLG-Bezirks Düsseldorf zu Vereinheitlichungsgesprächen getroffen; diese Zusammenkunft blieb aber in der Fachöffentlichkeit ziemlich unbeachtet und unwirksam.

35 Dazu näher im Abschnitt III. 2. dieses Teils.

36 DRiZ 69, 25.

37 JMBl NW 69, 30—37 (= DAVorm 1969, 14 ff.).

38 aaO S. 33.

gleichmäßige Behandlung aller Unterhaltsberechtigten bei einem ausreichenden Selbstbehalt der Unterhaltsverpflichteten innerhalb der Bundesrepublik zu geben. Dabei ist die Kammer jeweils von einer in normalen Verhältnissen lebenden Durchschnittsfamilie, bestehend aus dem alleinverdienenden Vater und einer Mutter mit einem über 14 und einem unter 14 Jahre alten Kind ausgegangen; bei veränderten Umständen sind Korrekturen nach oben oder unten unausbleiblich.

Im übrigen legt das Urteil sorgfältig Rechenschaft ab: es nennt alle zugrunde gelegten Warenkorbgutachten, Preisindizes, Verwaltungsempfehlungen etc., erörtert die Berechnungsmethoden anderer Gerichte und setzt sich mit allen wichtigen Literaturansichten auseinander. Die Reaktionen im Schrifttum auf die vorangegangenen Fassungen der Tabelle waren überwiegend positiv[39]. Die Kammer konnte sich auf grundsätzliche Zustimmung und Ansporn zur Fortsetzung des Unternehmens stützen. Gleichwohl ist in diesem Urteil das Bemühen spürbar, die neuen Richtsätze und das Tabellensystem auf eine unangreifbare Legitimationsgrundlage zu stellen. Die neue Tabelle brachte wiederum zwei Veränderungen: die Anzahl der Lebensstellungsgruppen war weiter reduziert, weil Einstufungen in den höchsten Gruppen so selten waren, daß diese entbehrlich schienen[40]. Ein „neues" Verfahren zur Berechnung des Ehegattenunterhalts („Frauenunterhalt") — seltsamerweise im Fußnotenapparat der Tabelle untergebracht — griff die alte Praxis der Unterhaltsberechnung nach Quoten wieder auf: Der erwerbstätige Ehemann sollte 2/5 seines Nettoeinkommens als Unterhalt zahlen, der nicht erwerbstätige 3/7. Der tabellarisch ermittelte Kindesunterhalt war vorab — vor der Quotierung — vom Nettoeinkommen abzuziehen.

Seit 1970 war die Weiterentwicklung der Tabelle[41] vom neu eingeführten Regelunterhalt für nichteheliche Kinder beeinflußt. Dieses Thema soll im folgenden Abschnitt erörtert werden und hier nur kurz gestreift werden: Die von der Bundesregierung festgelegten Regelbedarfssätze wurden hinsichtlich der nichtehelichen Kinder Bestandteil der Tabelle, hinsichtlich der ehelichen Kinder zumindest Grundlage und Richtschnur[42]. Jede neue Regelbedarfverordnung führte auch zu einer Änderung bzw. Anpassung der Düsseldorfer Tabelle. Die andersartigen Lebensaltersstufen der Tabelle wurden zwar 1971 noch aufrechterhalten, mußten aber 1973 dem Stufensystem der Regelunterhaltverordnung weichen[43]. Nunmehr gab es nur noch drei Altersgruppen (1—6, 7—12,

---

39 *Pabst* NJW 67, 2248 (2250); *Göhring* FamRZ 69, 512 (515); *Roesen* DRiZ 69, 50.

40 JMBl NW 69, 30 (33).

41 Düsseldorfer Tabelle ab 1. 7. 1971: DRiZ 71, 342; ab 1. 1. 1973: DRiZ 73, 99; ab 1. 1. 1977: NJW 77, 289.

42 Vgl. LG Düsseldorf DAVorm 71, 286 (290 f.).

43 LG Düsseldorf DAVorm 73, 33 (37).

13—18 Jahre), was die Übersichtlichkeit beträchtlich verbesserte. Tabellenwerte für über achtzehnjährige Kinder entfielen ersatzlos; es sollte nach Einzelfallumständen entschieden werden.

Mit den Lebensstellungsgruppen wurde weiter experimentiert: offenbar bestand nun wieder ein Bedürfnis nach weiterer Differenzierung im Spitzenverdienerbereich, denn die 71er Tabelle enthielt eine zusätzliche Gruppe, nachdem man jahrelang die Anzahl der Gruppen reduziert hatte. Die 73er Tabelle splittete eine Gruppe, die sich als zu weit gespannt erwiesen hatte, in zwei Gruppen auf. Derartige Veränderungen sind die notwendige Reaktion auf wachsenden wirtschaftlichen Wohlstand breiter Bevölkerungskreise. Insofern ist eine regelmäßig neu gefaßte Unterhaltstabelle ein Spiegelbild der wirtschaftlichen Entwicklung. Dies gilt noch mehr unter einem anderen Aspekt: In den 60er Jahren richteten sich die maßgeblichen Lebensverhältnisse nach Bildung, Ausbildung und Berufstätigkeit; mit steigendem Wirtschaftswachstum setzte sich die Erkenntnis durch, daß primär Einkommen und Vermögen die Lebensstellung bestimmen. 1973 zogen die Düsseldorfer Richter daraus die Konsequenz und bestimmten die Lebensstellungsgruppen ausschließlich nach Einkommensgrenzen; die immer umständlicher gewordenen Berufsgruppenumschreibungen entfielen damit. In den Erläuterungen[44] hieß es nun lapidar: „Maßgebend sind in erster Linie Merkmale wie Einkommen, Vermögen, Ausbildung, Berufsqualifikation u. ä.“, während die Erläuterungen zur 71er Tabelle an entsprechender Stelle festgestellt hatten: „... in erster Linie Merkmale wie Bildung, Ausbildung, ..., in zweiter Linie Einkommen und Vermögen“. Was wie eine abrupte Wendung um 180 Grad anmutet, ist in Wirklichkeit Ergebnis eines längeren Meinungsbildungsprozesses. Das langsame Aussterben schichtenspezifischer Denkweisen und die wachsende Berücksichtigung materieller Gesichtspunkte führten dazu, daß die „herrschende Meinung“ in Literatur und Rechtsprechung wechselte[45]. 1973 vollzog man diesen Wechsel schließlich in Düsseldorf nach; die Urteilsgründe, die die Neufassung erläuterten[46], blieben allerdings eine substantiierte Begründung schuldig.

Das Quotensystem für den Ehegattenunterhalt, das sich nach Ansicht der Kammer bestens bewährt hatte[47], beendete mit der Neufassung 1971 sein Schattendasein im Fußnotenapparat und wurde als „Teil B. Frau-

---

[44] Fußnote 2 zur Tabelle.

[45] Ausführlich zur gewandelten Betrachtungsweise: *Brühl / Göppinger / Mutschler*, 3. Aufl., 1973, Rdn 328 ff. mit zahlreichen weiteren Nachweisen zu beiden Ansichten. Vgl. auch *Becker* ZBlJR 71, 281 (288), der die früheren Ansichten als „soziologische Verspätungsformen“ bezeichnet.

[46] LG Düsseldorf DAVorm 73, 33 (38).

[47] DAVorm 71, 286 (291).

enunterhalt" dem „Teil A. Kindesunterhalt" angefügt. Damit war das Kuriosum geboren, daß unter die Überschrift „Tabelle" zwei grundverschiedene Systeme gefaßt wurden, nämlich die eigentliche Tabelle für den Kindesunterhalt und das Quotensystem für den Ehegattenunterhalt. Diese begriffliche Ungenauigkeit störte jedoch niemanden; der Terminus „Düsseldorfer Tabelle" wurde als Bezeichnung für den ganzen Richtlinienkomplex üblich.

Die späteren Änderungen nach 1973 waren weniger einschneidend; das System als solches blieb unverändert. Neu eingeführt wurden die Angaben von Mindestbedarfssätzen und Bedarfskontrollbeträgen zur gleichmäßigen Einkommensverteilung; geändert wurden die Gruppeneinteilung, die Höhe der Zuschläge zum Regelbedarf, die Quoten für den Ehegattenunterhalt und natürlich die Beträge selbst entsprechend dem Geldwertverfall. Einzelheiten werden unten außerhalb des historischen Zusammenhangs noch darzustellen sein.

c) Sonstige Tabellen

Die Tabellen und Berechnungssysteme, die in jenen Jahren neben der Düsseldorfer Tabelle entwickelt und angewendet wurden, haben keine überregionale Bedeutung erlangt. Das rechtfertigt eine knappe Behandlung, ohne auf inhaltliche Einzelheiten einzugehen.

Am LG Hamburg waren zeitweise drei verschiedene Tabellen zum Kindesunterhalt in Gebrauch[48]; jede Kammer verfocht ihr eigenes System, bis man sich 1976 auf eine einheitliche Handhabung verständigte[49]. Das LG Köln entwickelte eine eigene Tabelle[50], die auch mehrfach fortgeschrieben wurde. Sie ließ eine gewisse Anlehnung an die Düsseldorfer Tabelle erkennen. Weiterhin gab es die „Essener Tabelle"[51] und die „Berliner Tabelle"[52]; letztere war nicht vom Landgericht, sondern vom Kammergericht in einem Verfahren nach § 627 ZPO a. F. aufgestellt worden. Der Vollständigkeit halber sei noch die „Heidelberger Bedarfstabelle" erwähnt[53], die vom Deutschen Institut für Vormundschaftswesen aus dem alten Lebensstellungsschema für uneheliche Mütter weiterentwickelt worden war.

Diese kurze Aufzählung soll nur die Vielfalt belegen, die zeitweilig in der Rechtsprechung herrschte. Die genannten Tabellen haben heute nur noch historischen Wert; vieles ist als falsch oder unzweckmäßig in

---

48 Einzelheiten bei *K/H-B/B*, 1. Aufl., Rdn 11 ff.

49 Dazu *Wendt* DAVorm 76, 57.

50 DRiZ 72, 174.

51 *K/H-B/B*, 1. Aufl., Rdn 10.

52 DAVorm 77, 82.

53 DAVorm 70, 246; DAVorm 72, 430; DAVorm 74, 210.

Vergessenheit geraten, anderes stillschweigend in andere Tabellen übernommen worden.

Nur *ein* Berechnungssystem aus jener Zeit verdient eine intensivere Beachtung, weil es sich wegen besonderer Vorzüge möglicherweise als System der Zukunft entpuppen könnte. Es ist das in seinen Ursprüngen schon 1957 entstandene „Kasseler Modell“[54]. Die Unterhaltsberechnung vollzieht sich danach in zwei Stufen, in einer Kombination aus Tabellen- und Schlüsselanwendung. Der angemessene Unterhalt setzt sich zusammen aus dem „notwendigen Mindestbedarf“ und etwaigen „Überschußanteilen“. Jedem Beteiligten wird von dem zur Verfügung stehenden Einkommen zunächst der notwendige Mindestbedarf gemäß einer Bedarfstabelle zugeteilt. Der verbleibende Einkommensrest (Überschuß) wird sodann nach festgelegten Kopfteilen verteilt; als Obergrenze sind Höchstbedarfsbeträge festgelegt.

Das Kasseler Modell soll die jeweiligen Vorzüge des (reinen) Tabellensystems und des (reinen) Quotensystems in sich vereinen[55]: Es setzt mit den Mindestbedarfsbeträgen eine absolute Größe als Maßstab und erleichtert damit die Orientierung, ohne andererseits auf die Flexibilität und Geschmeidigkeit des Quotensystems zu verzichten. Wegen dieser Qualitäten hat sich das Berechnungsmodell unter zahlreichen Verfeinerungen und Anpassungen bis in die achtziger Jahre halten können.

3. Gesetzgeberische Reformen im Recht der unehelichen Kinder

a) Rechtszustand bis 1970

Die Entwicklung der Unterhaltssätze für uneheliche Kinder vollzog sich nicht mehr isoliert, sondern im Zusammenhang mit dem allgemeinen Trend zur Pauschalierung im Unterhaltsrecht. So wurden Unterhaltsschlüssel und -tabellen für den Unterhalt sowohl ehelicher wie unehelicher Kinder herangezogen. Die Idee der Einteilung in Lebensstellungsgruppen wurde, wie bereits geschildert[56], vom Unehelichenrecht sofort ins allgemeine Unterhaltsrecht übernommen. Es blieb allerdings das spezielle Problem des Unehelichenrechts, den Mindestunterhalt, der gemäß § 1708 a. F. bei einfacher Lebensstellung zu zahlen war, zu vereinheitlichen und den Preissteigerungen anzupassen. Dieser Prozeß lief im Grunde genauso wie in Jahrzehnten vorher ab: durch ständige Diskussion im Schrifttum und auf Fachtagungen kam es zu einer allmählichen Angleichung. Dieses „freie Spiel der Kräfte“ wurde allerdings in

---

[54] Dazu *Henseling*, Die Unterhaltsrechtsprechung des Landgerichts in Kassel, 1968; *K/H-B/B*, 1. Aufl., Rdn 18 ff. und 2. Aufl., Rdn 60 f.; die beste Darstellung nebst Erläuterungen findet sich in JMBl Hessen 80, 559 ff.

[55] Vgl. die Ausführungen in JMBl Hessen 80, 559 (576).

[56] Siehe oben II. 2. a).

den fünfziger und sechziger Jahren durch langersehnte Hilfestellungen von oben beeinflußt:

Wichtig und kaum bekannt ist, daß schon bald nach dem Krieg zum erstenmal ein Gesetzgeber die Festsetzung des Unterhalts übernahm — allerdings nur für ein kleines Rechtsgebiet. Im Saarland, das bis 1957 politisch unabhängig war, wurde durch Gesetz vom 10. 4. 1953[57] der Mindestbetrag für den Unterhalt des unehelichen Kindes auf 4000 ffrs. (ca. 44 DM) monatlich festgelegt und durch Rechtsverordnung vom 28. 12. 1956[58] auf 5000 ffrs. erhöht. Nach der Eingliederung des Saarlands 1957 galt dieses Gesetz zwar fort, hatte aber nur noch für alte Ansprüche nach saarländischem Recht praktische Bedeutung.

Im übrigen Bundesgebiet blieb den Gerichten die Anlehnung an Vorgaben der Legislative versagt. Durch die Zusammenarbeit mit den Jugendbehörden[59] war jedoch eine Verbindung zur Exekutive geschaffen[60], und dort wurde das ständige Bedürfnis nach ausreichend legitimierten Orientierungshilfen wenigstens teilweise befriedigt: Per Erlaß oder Empfehlung der vorgesetzten Behörden wurden den Amtsvormündern in mehreren Bundesländern feste Unterhaltsbeträge an die Hand gegeben. Diese basierten auf Gutachten oder Warenkorbberechnungen, die ebenfalls im staatlichen Auftrag erstellt waren. Der nordrhein-westfälische Arbeits- und Sozialminister ließ 1961 einen Warenkorb zusammenstellen[61], der für den Mindestunterhalt eines unehelichen Kindes von der Geburt bis zum 16. Lebensjahr einen monatlichen Aufwand von rund 84 DM ergab. Baden-Württemberg errechnete 1964 mit Hilfe eines eigenen Warenkorbes einen Unterhaltssatz von 112 DM monatlich[62]. Einige Bundesländer schlossen sich den Warenkorbberechnungen von Nordrhein-Westfalen an, andere griffen auf eigenes statistisches Material zurück oder verzichteten darauf, den Jugendämtern Weisungen zu erteilen[63]. Dadurch gestaltete sich schon die Praxis der Amtsvormünder recht uneinheitlich; die Gerichte folgten den jugendamtlichen Vorschlägen teils bereitwillig, teils zögernd und trugen so noch weiter zur regionalen Vielfalt der Unterhaltssätze bei. Ein Überblick über die Praxis der Berufungskammern aus dem Jahre 1962 zeigte beispielsweise in den zugesprochenen Beträgen eine Bandbreite von 60 bis 87 DM auf[64]. Trotz

57 ABl. d. Saarl. 1953, 289.

58 ABl. d. Saarl. 1956, 1729.

59 Vgl. § 48 d JWG.

60 Zu diesem Aspekt bereits oben I. 2. b) am Ende.

61 RdErl. v. 23. 3. 1961, MBl. 61, 539.

62 Vgl. Begründung zur Verordnung der BReg zu § 1615 f, BR-Drucks. 271/70, S. 10.

63 Überblick bei *Becker* MDR 62, 613 (614).

64 *Köhler* FamRZ 62, 184.

aller Klagen über die kaum erträgliche Uneinheitlichkeit muß man doch konstatieren, daß die Spanne zwischen niedrigsten und höchsten Sätzen sich im Lauf der Jahre ständig verkleinerte[65]. Mit gewissen Ungereimtheiten fand man sich nicht zuletzt deshalb ab, weil die Gesamtreform des Unehelichenrechts bevorstand und Abhilfe versprach.

b) Das neue Nichtehelichenrecht

Das Gesetz über die rechtliche Stellung der nichtehelichen Kinder (NEhelG) vom 19. 8. 1969[66] stellte das jahrzehntealte Unehelichenrecht des BGB auf eine völlig neue Basis. Abstammung, Namensrecht, elterliche Gewalt, Legitimation und Adoption, Vormundschaft, Erbrecht und vor allem das Unterhaltsrecht wurden neu geregelt, um den nichtehelichen Kindern — wie sie nach neuer Terminologie hießen — die gleichen Entwicklungsmöglichkeiten zu bieten wie den ehelichen Kindern. Da die Fiktion der Nichtverwandtschaft aufgehoben wurde, unterlag das nichteheliche Kind nun den allgemeinen Vorschriften des Verwandtenunterhalts (§§ 1601 ff.) mit allen sich daraus ergebenden Folgen. Wegen der besonderen Situation des nichtehelichen Kindes schuf der Gesetzgeber jedoch einige Sondervorschriften in den §§ 1615 a—1615 o, die vor allem der erleichterten Realisierung eines Anspruchs dienen sollten.

Die wichtigste Sonderregelung, wenn nicht gar das „Kernstück der Nichtehelichenreform"[67] überhaupt, bildete die Einführung des gesetzlich festgelegten Mindestunterhalts. Daß diese Normierung nötig und überfällig war, zeigt die geschilderte Vorgeschichte ebenso wie ein Blick auf die Reformdiskussion: Fast alle Entwürfe, die im Vorfeld des Gesetzgebungsverfahrens von Interessenverbänden vorgelegt wurden, sahen die Einführung eines Mindestunterhalts vor: der Gesetzentwurf des Deutschen Instituts für Vormundschaftswesen (sog. Heidelberger Entwurf)[68], die Thesen der Arbeitsgemeinschaft für Jugendpflege und Jugendfürsorge (Münchener Entwurf)[69], die Vorschläge des katholischen Arbeitskreises für die Reform des Unehelichenrechts[70] und insbesondere die Empfehlungen des 44. Deutschen Juristentages[71] 1962 in Hannover; den DJT-Mitgliedern war die Festlegung einheitlicher Unterhaltssätze sogar derartig wichtig, daß sie eine der Gesamtreform vorgezo-

---

[65] Vgl. die letzten Umfragen des DIV vor Inkrafttreten des NEhelG, deren Ergebnisse bereits recht einheitlich ausfallen: DAVorm 1968, 282 f.; DAVorm 1969, 330 ff.

[66] BGBl. I S. 1243. Das Gesetz trat am 1. Juli 1970 in Kraft.

[67] So MünchKomm / *Köhler* § 1615 f, Rdn 2.

[68] ZBlJR 63, 199 (201) (§ 1709 a I 2).

[69] Mitt. der AGJJ 64, H. 39, S. 14 (D II 2.).

[70] FamRZ 67, 1 (5) (Nrn. 115 ff.).

[71] Verhandlungen Bd. II, Leits. XII 3.

gene Ermächtigung zum Erlaß einer Verordnung forderten[72]. Der 1966 vorgelegte Referentenentwurf[73] schlug folgende Regelung vor (§ 1615 n RefE):

(1) Bis zur Vollendung des 18. Lebensjahres hat der Vater dem Kinde wenigstens den Mindestunterhalt zu zahlen. Mindestunterhalt ist der zum Unterhalt eines Kindes, das sich in der Pflege der Mutter befindet, bei einfacher Lebenshaltung im Regelfall erforderliche Betrag (Regelsatz), vermindert um die nach Abs. 3 anzurechnenden Beträge.

(2) Der Regelsatz wird von der Bundesregierung mit Zustimmung des Bundesrates durch Rechtsverordnung festgesetzt. Er kann nach dem Alter des Kindes und nach den örtlichen Unterschieden in den Lebenshaltungskosten abgestuft werden.

(3) Auf den Regelsatz sind das auf das Kind entfallende Kindergeld, Kinderzuschläge, Waisenrenten und ähnliche regelmäßig wiederkehrende, für das Kind gewährte oder dem Kind zustehende Geldleistungen anzurechnen, soweit diese Leistungen nicht dem Vater zufließen.

Die drei wesentlichen Änderungen im Vergleich zum geltenden Recht waren demnach:

— Der Regelsatz, nach dem sich der Mindestunterhalt errechnet, wird bundeseinheitlich durch Rechtsverordnung festgelegt.

— Grundlage dafür ist der Bedarf des Kindes bei einfacher Lebenshaltung, nicht die Lebensstellung der Mutter.

— Der Mindestunterhalt ist untere Schranke; er kann nach allgemeinen Vorschriften höher, in Härtefällen auch niedriger liegen (Herabsetzung nach § 1615 o RefE).

Vorbild dieser Regelung waren zum einen ältere deutsche Rechte[74], auf die sich die Materialien zum RefE ausdrücklich beriefen[75]; zum anderen stützte man sich auf moderne skandinavische Rechtsordnungen, in denen ein Mindestunterhalt durch Gesetz bestimmt wird (Dänemark) bzw. kraft gesetzlicher Ermächtigung vom Sozialminister festgelegt wird (Norwegen)[76]. Die geplante Übernahme ins deutsche Recht wurde vom Schrifttum im Grundsatz einhellig begrüßt[77]; sie entsprach ja auch genau dem, was immer wieder gefordert worden war.

Der Regierungsentwurf änderte an der Grundkonzeption nichts mehr; erleichtert gegenüber dem Referentenentwurf wurde die Herabsetzung

---

72 aaO unter Punkt C.

73 Referentenentwurf eines Gesetzes über die rechtliche Stellung der ue. Kinder, hrsg. v. BMJ.

74 Dazu oben I. 2. b).

75 *Jansen / Knöpfel*, S. 72, 198.

76 Im einzelnen vgl. *Knöpfel* FamRZ 66, 408 (412/13).

77 *Brühl* FamRZ 66, 541 (542); *Lange* JZ 66, 727 (730); *Zarbock* ZBlJR 66, 291 (293).

des Mindestunterhalts. Wegen dieser Möglichkeit wurde auch der Begriff „Mindestunterhalt“ durch „Regelunterhalt“ ersetzt; an die Stelle des „Regelsatzes“ trat der „Regelbedarf“. Als § 1615 f wurde die Vorschrift schließlich Gesetz.

Die eigentliche Festsetzung des Regelbedarfs sollte im Verordnungswege geschehen, um eine flexiblere Anpassung an veränderte wirtschaftliche Verhältnisse zu ermöglichen[78]. § 1615 f II überließ sogar die Frage, ob die Beträge nach Alter des Kindes und örtlichen Gegebenheiten abgestuft werden sollten, dem Ermessen des Verordnungsgebers. Aufgrund der Ermächtigung in § 1615 f II erging die Verordnung zur Berechnung des Regelunterhalts (Regelunterhalt-Verordnung) vom 27. Juni 1970[79], die zugleich mit dem NEhelG am 1. Juli 1970 in Kraft trat. § 1 RegUnterhV bestimmte als Regelbedarf eines Kindes 108 DM bis zum 6. Lebensjahr, 132 DM vom 7. bis zum 12. Lebensjahr und 156 DM vom 13. bis zum 18. Lebensjahr. §§ 2 ff. RegUnterhV bestimmten die nach Maßgabe des § 1615 g auf den Regelbedarf anzurechnenden Leistungen. Die Staffelung nach Altersgruppen entsprechend der Ermächtigung resultierte aus der statistischen Erkenntnis, daß der Bedarf eines Kindes mit zunehmendem Alter wächst — sieht man einmal vom ersten Lebensjahr ab, in dem die aufwendigere Erstausstattung anfällt. Der gleichwohl 70 Jahre lang ausgefochtene Streit pro und contra altersmäßige Differenzierung[80], der nun mit der RegUnterhV endgültig sein Ende fand, beruhte nicht darauf, daß die eine Seite statistische Tatsachen ignorierte, sondern daß sie annahm, ein anfänglich zu hoher Satz gleiche eben ein späteres Defizit aus. Diese Ansicht führte zu unbilligen Ergebnissen, wenn die Unterhaltspflicht vorzeitig endete, und zu unpraktischen obendrein, weil man Rücklagen bilden mußte. Aus diesen Gründen[81] entschied sich der Verordnungsgeber für die Staffelung; die Stufen wurden dort gezogen, wo die Warenkörbe eine deutliche Bedarfssteigerung erkennen ließen (Beginn der Schulzeit bzw. der Pubertät)[82]. Von der gesetzlich möglichen Abstufung nach örtlichen Unterschieden der Lebenshaltungskosten sah man ab, und zwar mit der Begründung[83], diese Unterschiede würden oft überschätzt und seien jedenfalls nicht so groß, daß sie einer einheitlichen Festsetzung entgegenstünden. In der Tat werden Unterschiede im Preisniveau zwischen Stadt und Land in aller Regel durch eine andere Bedarfsstruktur wieder ausge-

78 Amtl. Begründung des RegE, abgedr. bei *Jansen / Knöpfel*, S. 200.

79 BGBl. I S. 1010.

80 Vgl. schon oben I. 2. b) [Fußn. 43]. Ausführlich zum Streitstand: Staudinger / *Göppinger* § 1708, Rdn 83 ff.

81 Vgl. BR-Drucks. 271/70, S. 17.

82 aaO S. 18.

83 BR-Drucks. 271/70, S. 21.

glichen. (Auf dem Land sind z. B. die Wohnkosten niedriger als in der Stadt, dafür liegen die Aufwendungen für Fahrtkosten höher.)

Die Bundesregierung orientierte sich bei der Festsetzung der Regelbedarfsbeträge in großem Umfang an der bisher geübten Praxis. Die Begründung der Verordnung zeigt zunächst die methodischen Mängel der üblichen Bedarfsermittlungsmethoden auf[84] und rechtfertigt damit die Tatsache, daß man sich nicht allein auf diese Grundlagen stützen wollte. Statt dessen wurde aus allen verfügbaren Gutachten, Urteilen, Tabellen und Schlüsseln ein Kompromiß von 132 DM errechnet, der weithin Zustimmung finden konnte. Die Regelbedarfsbeträge basieren also mehr auf einer Abwägung nach rechtlichen und politischen Kriterien als auf einer exakten Bedarfsanalyse.

In Art. 12 § 24 NEhelG ist vorgesehen, daß das Statistische Bundesamt alle zwei Jahre ein Gutachten zur Höhe des Regelbedarfs zu erstatten hat, um der Bundesregierung statistisches Material zur Fortschreibung der Beträge an die Hand zu geben. Dementsprechend ergingen 1972, 1974, 1976, 1979, 1981 und 1984 Regelbedarf-Verordnungen, die die Regelbedarfsbeträge den steigenden Lebenshaltungskosten anpaßten. In Verbindung mit den prozessualen Neuerungen des NEhelG, die eine problemlose Anpassung bestehender Unterhaltstitel gewährleisteten[85], war damit ein dynamisches, flexibles Unterhaltsrechtssystem geschaffen, das für die weitere Entwicklung des Unterhaltsrechts und speziell für den Fortgang der Schematisierungsbemühungen bahnbrechend wirkte.

4. Veränderungen durch das Erste Gesetz zur Reform des Ehe- und Familienrechts[86]

a) Ehegattenunterhalt

Als Beitrag zur Diskussion über die Reform des Ehescheidungsrechts wurden im Jahre 1970 für den 48. Deutschen Juristentag zwei Gutachten darüber erstellt, ob es sich empfiehlt, Gründe und Folgen der Ehescheidung neu zu regeln[87]. Beide Autoren sprachen sich dafür aus, bei der Reform des Scheidungsfolgenrechts für die Unterhaltsbemessung statt der bisherigen unbestimmten Rechtsbegriffe der „Angemessenheit" (§ 58 EheG 46) und der „Billigkeit" (§ 59 EheG) feste Unterhaltsrichtlinien oder Berechnungsformeln zu normieren[88]. *Lüderitz* wies darauf hin, daß

[84] aaO, S. 7 ff.
[85] Siehe §§ 642 ff. ZPO.
[86] 1. EheRG v. 14. 6. 1976, BGBl. I 1421, in Kraft seit 1. 7. 1977.
[87] Siehe Verhandlungen des 48. Deutschen Juristentages, Band I, Gutachten A (*Maier-Reimer*) und Gutachten B (*Lüderitz*).
[88] S. A 83 ff. und B 112 f.

die Praxis sich seit langem solcher Berechnungshilfen bediene; die unerfreulichen Divergenzen in den verschiedenen Gerichtsbezirken seien auf Dauer nur durch einen gesetzlichen Maßstab zu unterbinden[89]. *Maier-Reimer*, die ebenso wie *Lüderitz* die bestehende Rechtsunsicherheit beklagte, sprach in diesem Zusammenhang lobend den gerade eingeführten Regelunterhalt an und setzte sich dafür ein, „etwas Ähnliches" auch für geschiedene Ehegatten einzuführen[90]; am besten erscheine ihr eine durch Gesetz oder Verordnung normierte Quotelung des verfügbaren Einkommens im Verhältnis 2/5 zu 3/5.

Diese Anregungen sind jedoch vom Gesetzgeber nicht aufgenommen worden. Die Entwürfe zum 1. EheRG enthalten keinerlei Auseinandersetzung mit dieser Frage. Schon 1970 lehnte der damalige Vorsitzende der Eherechtskommission beim Bundesjustizministerium, *Rebmann* in einem „Spiegel-Gespräch" es ab, die Pauschalierung zum Thema der Reformdiskussion zu machen[91]:

> Möglicherweise wird sich der Bundesgesetzgeber mit diesen Fragen einmal befassen. Wir werden allerdings zur Frage des Ehegattenunterhalts in dieser Hinsicht nichts sagen.

Die neue Vorschrift über die Höhe des Unterhalts (§ 1578) war demzufolge wie die alte Vorschrift (§ 58 EheG 46) eine Generalklausel, die auf den ausfüllungsbedürftigen Rechtsbegriffen des „Lebensbedarfs" und der „ehelichen Lebensverhältnisse" aufbaute. Insofern hat sich durch die Reform nichts am bestehenden Rechtszustand geändert.

b) Einführung des § 1610 Absatz 3

In anderer Hinsicht jedoch hat das 1. EheRG den Weg zu einer größeren Rechtssicherheit und Rechtseinheitlichkeit bei der Bemessung von Unterhaltsrenten weiter geebnet:

Durch Einfügung des § 1610 III wurde ehelichen Kindern, die im Haushalt eines geschiedenen Elternteils leben, die Möglichkeit eröffnet, ohne konkrete Darlegung als eigenen Mindestbedarf den für ein nichteheliches Kind in der entsprechenden Altersstufe geltenden Regelbedarf zu verlangen. Das eheliche Kind in der Halbfamilie wurde also dem nichtehelichen Kind, das in der Familie der Mutter lebt, gleichgesetzt. Die triviale Einsicht, daß die Lebenssituation und nicht der rechtliche Status den Bedarf eines Kindes bestimmen, fand damit endlich ihren gesetzlichen Niederschlag. Praktisch war die Geltung der pauschalierten Sätze der Regelunterhalt-Verordnung damit auf eheliche Kinder ausge-

---

[89] S. 112.

[90] S. 84.

[91] Der Spiegel 1970, Heft 10, S. 62.

dehnt, denn Barunterhalt fordernde Kinder leben in aller Regel in einer sog. Halbfamilie, wie es § 1610 III voraussetzt. Aus diesem Grunde war die Praxis auch längst dazu übergegangen, den Bedarf eines ehelichen Kindes in Anlehnung an die Regelbedarfssätze zu bestimmen[92]. Der Gesetzgeber legitimierte insoweit nur die Rechtswirklichkeit[93]. *Erklärtes* Ziel der Neuerung war freilich nicht, die Verantwortung von der Justiz auf die Legislative zurückzuübertragen; der Rechtsausschuß sah nur das Ziel, die hohe Zahl der Abänderungsklagen durch Anbindung an das Regelunterhalt-System einzudämmen[94].

c) Neuordnung des Instanzenzuges

Ein ganz wesentlicher Schritt auf dem Wege zu größerer Rechtseinheitlichkeit war die Änderung des Rechtsmittelzuges in Unterhaltssachen. Bislang waren die Amtsgerichte ohne Rücksicht auf den Streitwert sachlich zuständig für alle Unterhaltsansprüche (§ 23 Nr. 2 e GVG); als Rechtsmittel gab es nur die Berufung an das Landgericht (§ 72 GVG), dessen Entscheidung endgültig war. Es konnte also schon aus gerichtsverfassungsrechtlichen Gründen nicht zu einer höchstrichterlichen Rechtsprechung in Unterhaltsfragen kommen[95]. Die Einheitlichkeit der Gesetzesauslegung und Rechtsanwendung war damit nicht gewährleistet, ein Mißstand, der schon wiederholt kritisiert worden war[96] und angesichts der unzähligen, von Landgericht zu Landgericht verschiedenen Berechnungsmethoden zur Unterhaltshöhe besonders kraß ins Auge sprang.

Nach dem 1. EheRG entscheiden nunmehr in zweiter Instanz die Oberlandesgerichte über die Urteile der Familiengerichte (§§ 23 b I, 119 I GVG). Für die Unterhaltsrechtsprechung[97] bedeutete dies zum einen eine erhebliche Verringerung der Zahl der Spruchkörper in der Berufungsinstanz[98], so daß Rechtseinheit statt für einen kleinen LG-Bezirk nun für die wesentlich größeren OLG-Bezirke gewährleistet war. Zum zweiten ergab sich die neue Möglichkeit, auf dem Weg über die Zulassungsrevision (§ 546 ZPO) zu letztinstanzlichen Entscheidungen des Bundesgerichtshofs zu gelangen. Schließlich wurde — als mittelbare Folge — die

---

92 Erman / *Küchenhoff* § 1610, Rdn 13; *Schlüter*, Unterhaltsrecht, S. 250.

93 Vgl. MünchKomm / *Köhler* § 1610, Rdn 25.

94 BT-Drucks. 7/4361, S. 51.

95 Obergerichtliche Urteile gab es lediglich in Verfahren auf einstweiligen Rechtsschutz oder kraft zulässiger Gerichtsstandsvereinbarung (Prorogation).

96 *Brühl*, Unterhaltsrecht 2. Aufl., S. 369; *Rassow* FamRZ 69, 515 (516); beharrliche Kritik von *Bosch*, u. a. FamRZ 57, 181 („unerträglicher Zustand").

97 Einige wenige Unterhaltssachen sind k e i n e Familiensachen, was in diesem Zusammenhang ohne Bedeutung ist.

98 93 Landgerichte gegenüber 19 Oberlandesgerichten.

Rechtsprechung durch die Zentralisierung auf ein abstrakteres und überschaubareres Niveau gehoben. Insgesamt dürfte dadurch die Tendenz zu weniger auf den Einzelfall konzentrierten Entscheidungen und zu mehr Schematisierung und pauschaleren Beurteilungsmaßstäben gefördert worden sein[99].

III. Rechtszustand nach 1977

1. Ausbreitung der Düsseldorfer Tabelle

Die Düsseldorfer Tabelle, ursprünglich vom LG Düsseldorf entwickelt und fortgeführt, wurde nach der Veränderung des Rechtsmittelzuges vom 3. Familiensenat des OLG Düsseldorf übernommen und zum 1. 1. 79 erheblich erweitert[1]. Zwei Dinge sind an der Neufassung bemerkenswert: zum einen wurde die Tabelle, anders als früher beim Landgericht üblich, nicht im Rahmen einer Entscheidung aufgestellt[2], sondern nach Art einer Presseverlautbarung den Fachzeitschriften und der örtlichen Anwaltschaft bekanntgemacht. Zum anderen waren die Erläuterungen zum eigentlichen Zahlenwerk so umfänglich wie nie zuvor: Zusätzlich zu den bisher schon üblichen „Anmerkungen" (Fußnoten), die jetzt wesentlich ausführlicher waren, wurden mehrseitige „Anwendungsgrundsätze" hinzugefügt, die sich primär mit der Anrechnung von Einkünften befaßten. Damit folgte der Senat einem neuen Trend, der sich seit der im September 1978 erfolgten Veröffentlichung der „Hammer Leitlinien zum Unterhaltsrecht"[3] abzeichnete. Die übrigen drei (später vier) Familiensenate des OLG Düsseldorf schlossen sich bald ihren Kollegen an[4], so daß eine einheitliche Rechtsprechung im OLG-Bezirk gewährleistet war.

An den anderen Oberlandesgerichten der Bundesrepublik sowie beim Berliner Kammergericht verlief die Entwicklung folgendermaßen[5]: *Alle* Gerichte bekannten sich zur Schematisierung, d. h. sie gebrauchten selbst eine Tabelle bzw. billigten die Anwendung von Tabellen durch die erstinstanzlichen Familiengerichte. Die meisten Senate stützten sich auf die Düsseldorfer Tabelle, anfangs bisweilen noch auf die alte Fassung des Landgerichts. Allerdings wurde die Tabelle nur selten kom-

---

99 *Müller-Freienfels*, S. 339.

1 FamRZ 78, 854.

2 So zuletzt LG Düsseldorf, Beschluß vom 12. 11. 76 — 22 T 117/76 — JMBl NW 76, 283.

3 FamRZ 78, 850.

4 Der 2. Senat allerdings mit Einschränkungen, vgl. *K/H-B/B*, 2. Aufl. Rdn 3 mit Fußn. 2.

5 Die folgenden Ausführungen stützen sich auf die Umfrageergebnisse von *Kalthoener* pp. aus dem Jahre 1978, siehe *K/H-B/B*, 2. Aufl., Rdn 64 ff.

plett und vorbehaltlos übernommen; vielmehr gab es in Einzelfragen zahlreiche Abweichungen. Diese betrafen in erster Linie die Selbstbehalte und die Berechnung des Ehegattenunterhalts, während das Zahlenwerk für den Kindesunterhalt relativ einheitlich gehandhabt wurde[6] Allein das OLG Nürnberg lehnte die Düsseldorfer Tabelle völlig ab[7]. Der 2. Familiensenat des OLG Frankfurt am Main mit Sitz in Kassel folgte bis 1980 noch dem Kasseler Modell und schwenkte dann ebenfalls auf die Düsseldorfer Linie um[8].

Nach einer gewissen Zeit der Gewöhnung an das neue Recht begannen mehrere Oberlandesgerichte, ihre eigenen Vorstellungen zur Unterhaltsberechnung zu veröffentlichen. Es entstanden die „Unterhaltsrechtlichen Leitlinien" der Oberlandesgerichte Hamm[9], Schleswig[10], Bremen[11], Köln[12] und Celle[13]. Diese verschiedenen Leitlinien bedeuteten keineswegs eine Zersplitterung bis dahin erreichter Einheitlichkeit — schließlich bildete die Düsseldorfer Tabelle für alle eine gemeinsame Grundlage —, sondern vielmehr den Versuch, in weiteren strittigen Fragen durch richterliche Übereinkünfte Rechtseinheit herzustellen. So beschreibt *Hampel* in den einleitenden Bemerkungen zu den „Hammer Leitlinien" Sinn und Zweck des neuen Unternehmens[14]:

> Nachdem die Familiensenate nunmehr seit über einem Jahr tätig sind, haben Mitglieder aller Familiensenate des OLG Hamm gemeinsam Leitlinien zum Unterhaltsrecht erarbeitet, um so eine möglichst einheitliche Rechtsprechung im gesamten OLG-Bezirk zu erzielen. Um dieses Ziel zu erreichen, wollen alle sechs Familiensenate des OLG Hamm die Leitlinien ihrer Rechtsprechung zugrunde legen... Ihren Inhalten nach knüpfen die Leitlinien... an die Richtlinien der Düsseldorfer Tabelle an, entwickeln sie aber fort, regeln auch weitere Fragen und enthalten zum Teil nicht unerhebliche Änderungen.

Die Leitlinien behandeln Probleme wie Einkommensanrechnung, Eigenbedarf, Verhältnis von Bar- und Naturalunterhalt, Feststellung der ehelichen Lebensverhältnisse, Mangelfälle, Konkurrenzansprüche u. a. Zu bestimmten Punkten wird auch lediglich die BGH-Rechtsprechung wiedergegeben. Die übrigen Oberlandesgerichte verzichteten auf die Erstellung umfänglicher Leitlinien oder publizierten lediglich ihre Abweichungen gegenüber der Düsseldorfer Praxis[15].

---

6 Einzelheiten bei *K/H-B/B* aaO.
7 Dazu unten bei Fußn. 21.
8 NJW 81, 2236.
9 FamRZ 78, 850.
10 NJW 79, 257.
11 NJW 80, 111.
12 NJW 80, 1271.
13 FamRZ 82, 131 (vorher unveröffentlicht).
14 FamRZ 78, 849.
15 So beispielsweise OLG Hamburg („Grundsätze für die Rspr in Unter-

Wenn auch die Düsseldorfer Tabelle die Rechtspraxis völlig bestimmte, sollen doch die abweichenden Systeme nicht unterschlagen werden. In der Literatur wurden von *Ehlert*[16], *Köhler*[17], *Rassow*[18] und *Spangenberg*[19] eigene Tabellenvorschläge unterbreitet. Die beiden Erstgenannten gleichen sich darin, daß sie die Quotierung beim Ehegattenunterhalt ablehnen und statt dessen feste Bedarfsbeträge zu finden versuchen; hingegen verfolgt *Spangenberg* den entgegengesetzten Weg, indem er auch den Kindesunterhalt nach einem Quotensystem ermittelt. Von den vier Vorschlägen hat lediglich der *Köhler*sche in der Rechtsprechung eine gewisse Beachtung gefunden[20] — nicht zuletzt, weil er der einfachste ist. Die anderen sind angesichts der übermächtigen Verbreitung der Düsseldorfer Tabelle wohlweislich ignoriert worden; man wollte die gerade gefundene Einheitlichkeit nicht schon wieder in Frage stellen.

Die Nürnberger Tabelle[21], die einzige nach 1977 von der Rechtsprechung entwickelte und praktizierte Alternative zur Düsseldorfer Tabelle, versteht sich als „echte Bedarfstabelle"[22], d. h. sie gibt für *alle* Unterhaltsberechtigten (minderjährige, volljährige Kinder und Ehegatten) den jeweils angemessenen und den notwendigen Lebensbedarf an. Dies hochgesteckte Ziel erfordert ein monumentales Tabellenwerk mit nicht weniger als 80 Einkommensgruppen (= Reihen) und über 20 Spalten für verschiedene Berechtigte in unterschiedlichen Lebenssituationen (z. B. alleinstehend/zusammenlebend, erwerbstätig/nichterwerbstätig usw.). Die wesentlichen strukturellen Unterschiede zum Düsseldorfer System liegen darin, daß keine Quotierung erfolgt und daß ein „Vermögensbildungsfaktor" eingearbeitet ist, d. h. ein gewisser Teil des verfügbaren Einkommens pauschal als nicht zur Bedarfsdeckung dienend außer Ansatz bleibt[23]. Die Stärken und Schwächen der Nürnberger Tabelle sollen an dieser Stelle noch nicht untersucht werden; es ist aber festzustellen, daß in Literatur[24] und Rechtsprechung[25] überwiegend Kri-

---

haltssachen") FamRZ 82, 104; OLG Stuttgart („Unterhaltsrechtliche Hinweise") NJW 81, 969; OLG Frankfurt/Main („Düsseldorfer Tabelle nach Frankfurter Praxis") FamRZ 82, 240; zur früheren Praxis in Frankfurt *Weychardt* DAVorm 79, 145.

16 FamRZ 80, 1083.

17 Handbuch, 4. Aufl. 1977 (Neufassung seiner erstmals 1963 vorgelegten Tabelle).

18 FamRZ 80, 541.

19 DAVorm 80, 769.

20 Vgl. *K/H-B/B*, 2. Aufl., Rdn 66.

21 *Mager*, Nürnberger Tabelle — Raster zur Ermittlung des Lebensbedarfs im Rahmen gesetzlicher Unterhaltsverhältnisse, Nürnberg 1980; letzte Neufassung: Stand: 1. 1. 82 (die folgenden Angaben beziehen sich hierauf).

22 Vorwort S. 1 (sub 1.).

23 Vgl. Vorwort S. 2 f. (sub 6.).

24 Insbesondere *Weychardt* DAVorm 79, 265; auch *K/H-B/B*, 2. Aufl., Rdn 37

tik geäußert wurde, die dazu führte, daß die Tabelle keine überregionale Bedeutung erlangen konnte. Vermutlich wird sich auf Dauer auch das OLG Nürnberg im Interesse der Rechtseinheit der Düsseldorfer Tabelle anschließen.

2. Interforensische Koordinierung

Man kann die geschilderte Entwicklung durchaus als Siegeszug der Düsseldorfer Tabelle bezeichnen[26], muß dabei aber berücksichtigen, daß die Art und Weise, wie die Tabelle nach 1977 fortentwickelt wurde, diese breite Akzeptanz erst möglich machte: Die verstärkte Kommunikation innerhalb der Richterschaft führte dazu, daß entscheidende Neuerungen in Tabellen und Leitlinien vom Konsens oder doch wenigstens vom Kompromiß getragen waren.

Die sog. Koordinierungsgespräche begannen — wie schon erwähnt — auf der Ebene einzelner Gerichte, indem mehrere Familienrichter oder mehrere Senate ihre Rechtsprechung zu vereinheitlichen versuchten. Auf Landesebene waren z. B. in Nordrhein-Westfalen gelegentliche Treffen von Unterhaltsrichtern schon Tradition[27]; durch die Konzentration der Berufungsrechtsprechung auf die Familiensenate wurde diese Kommunikation noch erleichtert. Die nordrhein-westfälischen Familiensenate aus Düsseldorf, Hamm und Köln betrieben eine intensive Abstimmung untereinander[28] und erreichten auf diese Weise, daß die Düsseldorfer Tabelle und die Hammer Leitlinien in ihrer jeweiligen Fassung vom 1. 1. 1980 im wesentlichen übereinstimmten[29]. In anderen Bundesländern fand eine ähnliche Zusammenarbeit der betroffenen Senate statt[30].

1979 bildete sich beim Deutschen Familiengerichtstag (DFGT) eine Unterhaltskommission, die fortan bei der Gestaltung und Fortentwicklung von Unterhaltstabellen maßgeblichen Anteil hatte[31]. Die Mitglieder der Kommission wurden nicht von den DFGT-Mitgliedern gewählt, sondern vom Vorstand berufen; in der Folgezeit entschieden die Kommissions-

---

und *Göppinger* Unterhaltsrecht, Rdn 621; positiv aber *Christl* NJW 82, 961 (969).

25 BGH FamRZ 83, 678.

26 So *Huvalé* ZBlJR 82, 577 (579); *Gernhuber* FamRZ 83, 1069 (1072) zieht einen hübschen Vergleich mit der Verbreitung mittelalterlicher Stadtrechte und der Bildung von „Stadtrechtsfamilien“ unter „Düsseldorfer Recht“.

27 Siehe oben II. 2. b).

28 Näheres bei *Hampel* FamRZ 80, 21 und FamRZ 81, 1209.

29 *Hampel* FamRZ 80, 21.

30 Vgl. z. B. Vorbemerkung zu den „Leitlinien der Familiensenate des OLG Celle“, FamRZ 82, 131; OLG Frankfurt/M. FamRZ 80, 74 (76).

31 *Hampel* FamRZ 81, 1209; *Puls* ZBlJR 82, 603 (612).

mitglieder selbst, auf wessen Mitwirkung sie Wert legten. Regionaler Proporz war dabei eine wesentliche Voraussetzung, um bundesweite Lösungen anstreben zu können. So entstand ein Gremium, dessen Bedeutung nach kurzer Zeit im krassen Gegensatz zu seinem inoffiziellen und unlegitimierten Charakter stand, denn die Kommission entwickelte sich zur einzigen Instanz, in der bundesweit gemeinsame Richtlinien zur Konkretisierung und Vereinheitlichung des Unterhaltsrechts erarbeitet wurden. Da überwiegend Familienrichter in der Unterhaltskommission wirkten, war sichergestellt, daß die hier gefundenen Kompromisse in der Rechtsprechung auch beachtet wurden.

Die Neufassung der Düsseldorfer Tabelle zum 1. 1. 1982 beruhte wesentlich auf Koordinierungsgesprächen in der Unterhaltskommission[32]. Das gleiche gilt für die jüngste Aktualisierung[33] zum 1. 1. 1985. Damit hat die Tabelle den Charakter einer Gemeinschaftsproduktion der deutschen Familiengerichtsbarkeit.

3. Revisionsrechtsprechung des BGH

Schließlich muß zum Abschluß der historischen Betrachtung noch ein Wort zum Standpunkt des BGH gesagt werden, der seit 1977 Revisionsgericht für alle Unterhaltssachen ist. Damit existiert nun eine Instanz mit bundesweiter Zuständigkeit, und es stellt sich vordergründig die Frage, warum der BGH nicht die Fäden der Schematisierungsbemühungen in die Hand nehmen und — ohne mühsame Koordinierung — das von ihm bevorzugte Berechnungssystem verbindlich machen kann. Die Unmöglichkeit solchen Vorgehens ergibt sich aus dem Wesen der Revision als reiner Rechtsinstanz: Die Unterhaltsbemessung unterliegt dem Beurteilungsspielraum des Tatrichters und ist damit der revisionsrechtlichen Nachprüfung weitgehend entzogen[34]. Der BGH hat sich auf die Überprüfung zu beschränken, ob eine zu schematische Bemessung ohne Berücksichtigung der Umstände des Einzelfalls erfolgt ist oder ob durch die Wahl der Bemessungsmethode rechtliche Grundprinzipien oder Denkgesetze verletzt sind[35].

Unter dieser Einschränkung hat der BGH in ständiger Rechtsprechung die Anlehnung an Tabellen oder Leitlinien gebilligt[36], soweit nicht im

---

32 Redaktionshinweise zur Veröffentlichung der Tabelle in FamRZ 81, 1207 (1208).

33 FamRZ 84, 961.

34 BGH NJW 84, 1614; FamRZ 84, 988 (990).

35 *Hahne* ZBlJR 82, 621.

36 BGH FamRZ 79, 692 (693); 80, 40 (42); 82, 365 (366); 82, 887 (888); 83, 473 (474); 84, 988 (990); vgl. auch *Lohmann* (Vorsitzender des IVb-Familiensenates), S. 55 f., 125 f.

Einzelfall besondere Umstände eine Abweichung bedingen[37]. Über eine grundsätzliche Zustimmung zur Schematisierung ist der BGH jedoch wohlweislich nie hinausgegangen; insbesondere hat er es stets vermieden, Grenzwerte für Quoten oder gar bestimmte Quoten selbst festzusetzen, sondern hat vielmehr verschiedene bei den Gerichten gebräuchliche Quoten ausdrücklich gebilligt[38] — sofern sie mit dem Prinzip hälftiger Teilhabe am ehelichen Lebensstandard noch vereinbar waren[39].

Die grundsätzliche Billigung schematischer Orientierungshilfen bedeutete andererseits, daß in einzelnen Bereichen der Pauschalierung ein Riegel vorgeschoben wurde und eine individuelle Ermittlung gefordert wurde: So hat der BGH einen pauschalen Ansatz für trennungsbedingten Mehrbedarf ebenso verworfen[40] wie eine schematische Berücksichtigung der zur Vermögensbildung verwendeten Beträge (wie in der Nürnberger Tabelle praktiziert)[41]. Ob sich diese Verbote auf Dauer halten lassen, bleibt abzuwarten.

Insgesamt läßt sich sagen, daß der BGH in wenigen Jahren eine Fülle unterhaltsrechtlicher Zweifelsfragen geklärt und damit wesentlich zur Rechtseinheit beigetragen hat. Speziell zur pauschalierenden Unterhaltsberechnung hat er eine ambivalente bis zurückhaltende Linie verfolgt und von seiner Seite der Entwicklung kaum entscheidende Impulse geben können.

---

[37] Bemerkenswert ist ein Urteil des BGH zur Schematisierung aus dem Jahre 1968 (!), dem ein Fall von Prorogation zugrunde lag; damals äußerte der BGH sich sehr skeptisch über „Richtlinien oder Faustregeln" zur Unterhaltsbemessung und stellte mit Nachdruck die Prüfung der Einzelfallumstände in den Vordergrund: BGH FamRZ 69, 205 (206).

[38] *Lohmann* S. 56; in BGH FamRZ 84, 662 (664) findet sich allerdings beiläufig die Bemerkung, daß ein 3/5-Anteil für den Pflichtigen doch eine besonders hohe Quote darstelle, die heute zumeist unterschritten werde (auf 4/7).

[39] Dies ist für eine Aufteilung im Verhältnis 3/4 zu 1/4 vom BGH FamRZ 79, 692 (694) verneint worden.

[40] BGH FamRZ 83, 886 (887); dazu im 3. Teil, II. 3. b) aa).

[41] BGH FamRZ 83, 678 (679); dazu im 3. Teil, II. 3. b) cc).

Zweiter Teil

Zulässigkeit der pauschalierenden Unterhaltsberechnung, insbesondere in Form richterlicher Normsetzung

I. Von der Spezifizierung zur Typisierung

1. Unbestimmte Rechtsbegriffe und ihre Konkretisierung

Die gesetzlichen Vorschriften, die das Maß des Unterhalts bestimmen, sind von unbestimmten Rechtsbegriffen geprägt: § 1361 spricht vom Unterhalt, der nach den Lebensverhältnissen und den Erwerbs- und Vermögensverhältnissen angemessen ist; § 1578 stellt auf die Lebensverhältnisse und den Lebensbedarf ab; § 1581 nennt gar nur die Billigkeit als Maßstab, während § 1610 nach der Lebensstellung „angemessenen" Unterhalt gewährt. Die außer Kraft getretenen Normen früherer Jahre (§§ 58 f. EheG, 1708 a. F., 1579 a. F.) enthielten inhaltsgleiche oder ähnlich unbestimmte Formulierungen (z. B. „standesgemäß").

Bei der Handhabung solcher Gesetze stellt man schnell fest, daß ihr Regelungsgehalt gering ist: „Angemessen" besagt überhaupt nichts, wenn kein fester Maßstab vorhanden ist, an dem gemessen werden kann; „Lebensverhältnisse" kann man ohne weitere Vorgaben weder messen noch in Relation zum Unterhaltsbedarf bringen. Billigkeit schließlich ist das Extrem der Unbestimmtheit, eine „stumme (!) Gottheit", wie Kant bemerkt[1].

Unbestimmte Rechtsbegriffe sind jedoch keineswegs vermeidbare Gedankenlosigkeiten des Gesetzgebers, sondern sind teils beabsichtigt, teils unverzichtbar. Bereits jeder sprachliche Begriff ist nur relativ bestimmt; die juristische Hermeneutik unterscheidet vom „Begriffskern" den „Begriffshof", der nur noch schwimmende Konturen hat[2]. Entsprechend hat jede Norm einen unterschiedlichen Grad von Exaktheit auf einer Skala, die vom kasuistischen Rechtssatz bis zur konturlosen Generalklausel reicht. Ein Gesetzgeber, der einen eng begrenzten Lebenssachverhalt genau regeln will, greift zur „bestimmten" Norm, die entsprechend konkrete und ausdifferenzierte Regelungen trifft. Am ande-

[1] Metaphysik der Sitten, Anh. z. Einl. in die Rechtslehre, S. 342.

[2] Vgl. *Heck*, S. 52, 60.

ren Ende der Skala steht der abstrakte, generalklauselartige Tatbestand, der weiten Raum zur richterlichen Gestaltung eröffnet und nach den besonderen Umständen des Einzelfalls umgesetzt werden kann. In der Anwendung am konkreten Sachverhalt erhält die Leerformel ihren Inhalt; erst der richterliche Akt der interpretativen Ausfüllung gibt der unbestimmten Norm einen Regelungsgehalt. Zu recht sieht man daher in der Verwendung unbestimmter Gesetzesfassungen eine **Delegation** der Normbildung auf die Gerichte[3]: Der Gesetzgeber gibt nur „starting-points" oder „Aufhänger"[4], die eigentliche Normbildung überläßt er dem Richter. Dabei muß der Richter außergesetzliche Maßstäbe und Wertprinzipien heranziehen; anders als bei der Auslegung geht es nicht darum, den Willen des Gesetzes systematisch zu ermitteln, sondern den noch nicht vorhandenen Willen überhaupt erst zu bilden[5]. Subsumtionstechnisch gesprochen: Der Richter muß sich den erforderlichen Obersatz selbst schaffen, um die Norm justitiabel zu machen[6]. Diese „Ausfüllung" unbestimmter Rechtsbegriffe wird allgemein als Konkretisierung bezeichnet[7]. Die Methodenlehre unterscheidet zwei Stufen des Konkretisierungsverfahrens, nämlich die Spezifizierung und die Typisierung[8]: Zunächst werden isolierte Lösungen für Einzelfälle erarbeitet, indem unter Beachtung aller individuellen Umstände mittels außerrechtlicher Maßstäbe eine Wertung vorgenommen wird, was in diesem konkreten Fall rechtens sei (Spezifizierung). Sodann wird aus den Einzellösungen ein Gerüst aus typischen Fallgruppen hergestellt (Typisierung), um eine Regelbildung zu ermöglichen. Es setzt also ein gegenläufiger Prozeß ein[9]: Während die unbestimmte Norm bei der Spezifizierung zu einer einzelnen Problemlösung verdichtet worden ist, muß nun wieder von den Besonderheiten des Einzelfalls abstrahiert werden, um im Wege der Fallvergleichung Gemeinsamkeiten aufzuzeigen und Grundstrukturen herauszuarbeiten.

Es läge nun nahe, diese methodische Gebrauchsanleitung zur Konkretisierung einfach ins Unterhaltsrecht zu transponieren, indem man sagt: Konkrete Unterhaltsbemessung bedeutet Spezifizierung, abstrakte hingegen Typisierung der unbestimmten Begriffe. Auf diese Weise ließe sich die Pauschalierung methodisch rechtfertigen.

---

[3] *Esser* S. 65, deutlicher S. 150 f.; *Schlüter*. Obiter dictum S. 116; *Ipsen* S. 63 ff.; *Wank* S. 145; *Gernhuber*, Neues Familienrecht S. 85 und FamRZ 83, 1069 (1071).

[4] *Esser* S. 150.

[5] Vgl. *Ipsen* S. 73.

[6] *Schlüter* aaO S. 116 f.; *Wank* S. 146.

[7] Ausführlich *Engisch*, Die Idee der Konkretisierung, S. 75 ff.

[8] *Engisch* S. 146 ff., 237 ff.; *Larenz*, Methodenlehre S. 279; *Leenen* S. 66 ff.; *Ipsen* S. 72 ff.

[9] *Larenz* aaO S. 280; *Ipsen* S. 75.

Wenn dieses Vorgehen aus gleich noch darzulegenden Gründen auch zu einfach ist, so erstaunt es doch, daß in der Literatur niemals der Versuch unternommen wurde, mit methodischem Handwerkszeug an die unterhaltsrechtlichen Allgemeinbegriffe heranzugehen. Zumindest hätte man den Kritikern der Pauschalierung auf diese Weise leicht den Wind aus den Segeln nehmen können; diese glaubten ja, allein aus dem Gesetz (!) ein Verbot pauschalierender Bemessung herleiten zu können. Wenn *Dölle*[10] beispielsweise feststellt, daß es

> dem geltenden Recht allein entspricht, den einzelnen Fall in jeder Beziehung konkret aufzuklären, insbesondere den Lebensbedarf des Unterhaltsberechtigten einerseits und die Lebens- und Einkommensverhältnisse des Unterhaltsverpflichteten andererseits konkret und sorgfältig klarzustellen und danach die Unterhaltslast zu verteilen,

so widerspricht dies der dargelegten Methodenlehre und wäre wahrscheinlich im Hinblick auf andere Generalklauseln (etwa § 242) auch niemals so geäußert worden. In der Kritik des Schrifttums an der abstrakten Unterhaltsbemessung war die Behauptung, daß die gesetzliche Regelung nur auf die individuellen Umstände abstelle[11], allerdings weit verbreitet. Dieser Einwand, der dogmatisch leicht zu widerlegen gewesen wäre, hat sich nur deshalb mit der Zeit totgelaufen, weil er angesichts gegenteiliger Rechtsentwicklung nicht mehr aufrechterhalten werden konnte.

Folgendes muß man indes konzedieren: Die methodenwissenschaftliche Erfassung der Konkretisierung ist neueren Datums; sie leitet ihre Ergebnisse im Grunde aus der Beobachtung von Abläufen her, die sich aus anderen Gründen so ergeben haben. Es ist nicht so, daß die Pauschalierung Einzug hielt, weil die Methodenlehre Fallgruppenbildung oder Typisierung vorschrieb, sondern die Methodik fordert Typisierung aus den gleichen Gründen, aus denen die Pauschalierung sich durchsetzte. Das sind insbesondere Prozeßökonomie und Rechtssicherheit, wie im folgenden näher darzulegen ist.

2. Gründe der Pauschalierung

a) Prozeßökonomie

Lange bevor die Überlastung der Justiz heutige Ausmaße erreichte, standen einer individuellen Bestimmung der Unterhaltshöhe bereits prozeßökonomische Hindernisse entgegen. Die Materialien zum BGB be-

---

10 § 41 III 2 a.

11 In diesem Sinne außer *Dölle* noch *Brühl* FamRZ 65, 533 (538); *Göppinger* DRiZ 68, 299 (300); *Sprenger* NJW 70, 2249; v. Staudinger / *Hübner* § 1361 Rdn 14; Soergel / *Lange*, 10. Aufl. § 1361 Rdn 12; auch *Keller* SJZ 77, 181 (184) zur gleichen Frage im schweizerischen Recht.

legen zwar, daß der Gedanke einer billigen Würdigung aller Einzelfallumstände maßgebend und unbestritten war[12]. Eine konsequente Durchführung dieses Gedankens erfordert jedoch einen solchen Zeit- und Arbeitsaufwand, daß eine lupenreine Einzelfallwürdigung damals wie heute kaum die Regel war.

Schwierig ist vor allem eine konkrete Feststellung des Lebensbedarfs des Berechtigten; will man ohne Schätzungen auskommen, muß eine derartige Feststellung sich am wirklichen Verbrauch orientieren, ggf. anhand eines vernünftigen Maßstabs korrigiert. Ein Unterhaltsbedürftiger müßte längere Zeit hindurch genaue Aufzeichnungen über seine Ausgaben führen, um dann einen monatlichen Durchschnittswert errechnen zu können. Um die Buchführung überprüfbar zu machen und nicht gerechtfertigte Bedarfsposten eliminieren zu können, müssen die Einzelposten genau bezeichnet und mit Quittungen belegt werden; kurz gesagt: eine Buchführung wie nach kaufmännischen oder steuerlichen Bedürfnissen wäre erforderlich. Abgesehen vom Aufwand des Unterhaltsbedürftigen ist der gerichtliche Zeitaufwand für eine auch nur stichprobenartige Überprüfung solcher Aufstellungen enorm. Durch extensives Bestreiten des Beklagten würden umfangreiche Beweisaufnahmen erforderlich[13]. Für den Unterhaltssuchenden wird die Verbrauchsrechnung spätestens dann kompliziert, wenn er nicht alleine wirtschaftet, sondern als einzelnes Haushaltsmitglied seinen spezifischen Anteil an den Gesamthaushaltskosten herausfiltern muß. Auf die besonderen Schwierigkeiten einer exakten Verbrauchsrechnung unter statistischen Gesichtspunkten wird an anderer Stelle noch näher einzugehen sein[14]. Hier interessiert nur der Zeitfaktor; ohne viel Phantasie kann man sich vorstellen, wie langwierig und zeitraubend eine solche Bedarfsfeststellung für alle am Unterhaltsrechtsstreit Beteiligten ausfiele[15].

Angesichts dieser Schwierigkeiten ist die Praxis schon bald nach Inkrafttreten des BGB den Weg der abstrakten Bemessung gegangen. Ganz deutlich wird dies im Unehelichenrecht, wie es die beiden oben wiedergegebenen Urteilsauszüge beispielhaft belegen[16]: Man widmete sich — da noch keine Richtsätze existierten — zwar einer umfänglichen Bedarfsfeststellung im Einzelfall mittels zahlreicher Zeugen und Sachverständigen, orientierte sich dabei jedoch an einem abstrakten „Durch-

---

[12] Vgl. 1. Teil, I. 1. a) und 2. b).

[13] *Puls* (2. DFGT, Referate, S. 117) sieht die Gefahr, daß auf diese Weise der Unterhaltsschuldner einen zu großen Einfluß auf die individuelle Lebensgestaltung und Mittelverteilung beim Berechtigten gewinnt.

[14] Siehe 3. Teil, I. 2. b).

[15] Ebenso: *Müller-Freienfels* S. 330; *Jäger* ZBlJR 82, 590 (593); *Puls* aaO S. 117 f.

[16] Siehe 1. Teil, I. 2. b).

schnittskind", nicht etwa an dem konkreten Bedarf des anspruchstellenden Kindes. Auf diese Weise ließen sich die sorgsam ermittelten Daten in ähnlich gelagerten Fällen als Grundlage wiederverwenden; so kam es nach und nach — wie geschildert — zur Entstehung der Richtsätze.

Die konkrete Berechnungsweise ist dort vorherrschend geblieben, wo die Vergleichbarkeit individueller Fallkonstellationen gering war, so etwa zu Vorkriegszeiten im Unterhaltsstreit ehelicher Kinder, was quantitativ kaum bedeutsam war. In der Gegenwart werden außergewöhnliche Bedarfsposten oder Sonderbedarf gemäß § 1613 II üblicherweise konkret berechnet[17].

b) Rechtssicherheit

Ein anderer Gesichtspunkt, der für die Frage nach der Notwendigkeit typisierender Unterhaltsbemessung von ausschlaggebender Bedeutung ist, ist das Bedürfnis nach Rechtssicherheit. Es stellt sich zwangsläufig, wenn der Blick über den Einzelfall hinaus der Gesamtrechtsordnung gilt. Kein Fall steht isoliert für sich in der Rechtsgeschichte, sondern dient möglicherweise als Präjudiz für nachfolgende.

Rechtssicherheit ist staatsrechtsdogmatisch ein Element des Rechtsstaatsprinzips[18] (Art. 20 Abs. 3 GG), das zu den „elementaren Grundsätzen des Grundgesetzes gehört"[19]. Auch unabhängig vom eingeräumten Verfassungsrang ist Rechtssicherheit eines der Hauptziele jeder staatlichen Rechtsordnung. Als Bestandteil des konträren Begriffspaares Rechtssicherheit/Einzelfallgerechtigkeit hat sie im deutschen Rechtskulturkreis einen hohen Stellenwert, den andere Rechtskulturen ihr in dieser Perfektion nicht einräumen. Das dürfte weniger im Art. 20 und der Rechtsprechung des BVerfG, sondern eher in der deutschen Rechtstradition seine Ursache haben: Das rezipierte römische Recht mit seiner Exaktheit und die jahrhundertelange obrigkeitsstaatliche Justiz haben dazu geführt, daß Rechtssicherheit heutzutage in Deutschland eine Betonung genießt, die manchmal übertrieben scheinen mag[20].

Der weitläufige Begriff läßt sich unter den Aspekten Gleichbehandlung, Vorhersehbarkeit und Nachvollziehbarkeit strukturieren.

aa) Gleichbehandlung

Rechtliche Gleichbehandlung bedeutet, daß gleiche Sachverhalte gleich behandelt, ungleiche jedoch verschieden behandelt werden müs-

---

17 *Göppinger*, Unterhaltsrecht, Rdn 612 f.

18 So BVerfGE 7, 87 (92); 20, 323 (331); 22, 322 (329).

19 BVerfGE 1, 14 (18).

20 Kritisch v. Münch / *Schnapp* Art. 20, Rdn 26.

sen. Die Ungleichbehandlung zweier vergleichbarer Fälle indiziert Ungerechtigkeit in mindestens einem der Fälle und verletzt deshalb das elementare Rechtsgefühl.

Die Geltung dieses grundlegenden Prinzips auch für das Unterhaltsrecht steht außer Zweifel; nur läßt sich hier die Frage aufwerfen, wieviel „Vergleichbares" es auf diesem Rechtsgebiet überhaupt gibt. Der stereotype Einwand, kein Fall gleiche dem anderen[21], die Vielgestaltigkeit des Lebens schaffe jedesmal neue Konstellationen[22], hat im stark persönlichkeitsbezogenen Familienrecht eine gewisse Berechtigung. Wo menschliche Charaktere oder Schicksale zu berücksichtigen sind, beherrscht Individuelles die Szene. Das Unterhaltsrecht liegt jedoch im Grenzbereich zwischen Personenrecht und Vermögensrecht. Bei genauerem Hinsehen lassen sich auch etliche Gründe finden, die die These stützen, daß die Gemeinsamkeiten doch überwiegen[23]:

— Unterhaltsbegehrende Personen befinden sich oft in typischen vergleichbaren Lebenssituationen: Geschiedene Frauen ohne Erwerbstätigkeit, Kinder in der Betreuung alleinerziehender Elternteile (Halbfamilie), volljährige studierende Kinder etc. bilden durchaus homogene soziale Gruppen.

— Je jünger ein unterhaltsbedürftiges Kind ist, um so weniger sind individuelle Besonderheiten bereits entwickelt.

— Seitdem die Lebensstellung vom verfügbaren Einkommen abhängt[24], ist dieses Merkmal meßbar und vergleichbar.

— Der Ausbau des modernen Sozialstaates und die Einebnung sozialer Klassenunterschiede tragen ein übriges zur Vereinheitlichung bei. Unabhängig von einer politischen Wertung ist dies als Faktum hinzunehmen. Das führt z. B. dazu, daß bestimmte Bedarfsposten gar nicht mehr existieren (Schulgeld), sich angleichen (Wohnkosten durch Mietpreisbindung) oder an einheitlichen sozialen Vorbildern sich ausrichten (Bedarf eines Studenten analog BAföG).

— Tatsächlich vorhandene individuelle Besonderheiten werden zunehmend als unterhaltsrechtlich unerheblich eingestuft (z. B. Bildung, Beruf, Herkunft etc.).

Aus diesen Gründen ist der Einwand, kein Fall gleiche dem anderen, nicht stichhaltig. Die für die Bemessung entscheidenden Merkmale kehren immer wieder und verlangen nach gleichmäßiger Behandlung. Es liegt auf der Hand, daß diesem Verlangen nicht dadurch entsprochen

---

21 *Sprenger* NJW 70, 2249; *Göppinger* DRiZ 68, 299 (300).

22 *Odersky* NEG 4. Aufl. S. 224.

23 In diesem Sinne *Millauer* NJW 67, 1061; *Huvalé* ZBlJR 82, 577 (578).

24 Seit Anfang der 70er Jahre, vgl. oben 1. Teil, II. 2. b).

werden kann, daß jeder Richter im konkreten Fall seinen Beurteilungsspielraum nach seinen eigenen subjektiven Vorstellungen ausfüllt. Gleichmäßige Rechtsanwendung wird nur durch verstärkte Abstraktion und Typisierung erreicht.

Das allgemeine Postulat der Gleichbehandlung hat im speziellen Zusammenhang pauschalierender Unterhaltsbemessung zwei grundverschiedene Aspekte, nämlich zeitliche und örtliche Gleichbehandlung. Die Pauschalierung als solche gewährleistet lediglich, daß vergleichbare Fälle nicht heute so und morgen anders entschieden werden (zeitliche Gleichbehandlung). Damit geht nur insoweit örtliche Gleichbehandlung einher, als die Methode der Pauschalierung zentral und verbindlich bestimmt ist. Ansonsten stellt sich auf der nächsten Stufe das Problem, regionale Gleichbehandlung durch Vereinheitlichung der Systeme herzustellen. Wenn beispielsweise ein Gericht den angemessenen Unterhalt des geschiedenen Ehegatten pauschal mit 2/5 des Einkommens beziffert, ist mit dieser Festlegung eine einheitliche Praxis nur für den betreffenden Zuständigkeitsbereich gewährleistet. Erst wenn alle anderen Gerichte die Quotierung überhaupt wie auch die konkrete Quote akzeptieren, ist örtliche Gleichbehandlung erreicht. Der erste Aspekt ist mehr ein juristischer, der zweite eher ein rechtspolitischer und daher im folgenden Kapitel noch einmal aufzunehmen.

Im historischen Rückblick lassen sich beide Bestrebungen nicht trennen. Man kann nur generell feststellen, daß die Forderung nach Gleichbehandlung als wichtigstes Argument für die Notwendigkeit schematischer Berechnungshilfen in Rechtsprechung[25] und Literatur[26] ständig wiederkehrt.

Ein Fazit etwa dahingehend, daß durch die heutige Düsseldorfer Tabelle das Ziel einer gleichmäßigen Rechtsanwendung erreicht sei, läßt sich so nicht ziehen: Der Prozeß der Vereinheitlichung ist niemals abgeschlossen, allein schon, weil die Grundlagen (Preisniveau) sich ständig ändern. Örtliche Gleichbehandlung ist zwar weitgehend erzielt, ist aber — wie gesagt — nur die eine Seite des Gleichheitsgebotes. Um die an-

[25] LG Düsseldorf JMBl NW 69, 30 (33); LG Tübingen DAVorm 71, 238 (240); LG Köln DAVorm 72, 50 (51); LG Hamburg DAVorm 73, 493 (494); LG Stuttgart FamRZ 74, 469 (471); KG DAVorm 77, 82 (83); OLG Hamburg DAVorm 79, 121 (123); OLG Hamm FamRZ 78, 850; FamRZ 83, 1039 (1040); OLG Köln NJW 80, 1271.

[26] *Buchholz* JR 51, 14; *Millauer* NJW 67, 1061; *Pabst* NJW 67, 2248 (2250); *Bursch* NJW 68, 429; *Göhring* FamRZ 69, 512; *Rassow* FamRZ 69, 515 (516) und 80, 541 (544); *Roesen* DRiZ 69, 50; *Becker* ZBlJR 71, 281 (282, 286 f.); *Huvalé* ZBlJR 71, 50 (53) und 82, 577 (578); *K/H-B/B*, 1. Aufl., Rdn 4; *Puls* DAVorm 75, 561 (568) und ZBlJR 82, 603 (604); *Schlüter*, Unterhaltsrecht, S. 254 f.; *Müller-Freienfels*, FS Beitzke S. 311 (330); *Rogge* DRiZ 80, 61 (62); *Christian* ZBlJR 82, 559 (563 f.); *Jäger* ZBlJR 82, 590 (593); *Gernhuber* FamRZ 83, 1069 (1071, 1073); *Schwab*, Tendenzen, S. 16.

dere zu verwirklichen, müssen weitere Verbesserungen ausgearbeitet werden, um nicht nur Gleiches gleich, sondern auch Verschiedenes entsprechend seiner Eigenart behandeln zu können.

bb) Vorhersehbarkeit und Nachvollziehbarkeit

Unbestimmtes Recht bringt es mit sich, daß bis zur konkretisierenden Ausfüllung Orientierungslosigkeit herrscht. Eine individuelle Einzelfallentscheidung ist nicht vorhersehbar; das Vorfeld der gerichtlichen Entscheidung ist von Unsicherheit geprägt. Das führt im Unterhaltsrecht zu Unzulänglichkeiten, weil gerade hier ein besonderes extraforensisches Bedürfnis nach klaren Regelungen und präzisen Vorschriften besteht.

Zum einen wird die privatautonome Gestaltung von Unterhaltsrechtsverhältnissen erschwert, wenn die gesetzliche Regelung so wenig Anhaltspunkte bietet. Der größte Teil aller Unterhaltsansprüche wird nicht streitig, sondern in Unterhaltsverträgen und -vergleichen gütlich geregelt. Derartige Vereinbarungen lassen sich um so leichter aushandeln, je genauer das Gesetz Auskunft über den Umfang der rechtlichen Verpflichtung gibt[27]. Niemand möchte sich vertraglich mit weniger zufrieden geben, als ihm gesetzlich zusteht, es sei denn, im bewußten vergleichsweisen Nachgeben. Für solche Erwägungen muß die Höhe des angemessenen Unterhalts bestimmbar sein, um dann vertraglich darüber disponieren zu können.

Fehlende Vorhersehbarkeit beeinträchtigt auch das vorprozessuale Verhalten der Parteien bzw. ihrer Anwälte[28]: Je größer der Beurteilungsspielraum des Richters, um so schwerer lassen sich Prozeßchancen kalkulieren. Bei den vagen gesetzlichen Anhaltspunkten zur Unterhaltshöhe ist kein Anwalt in der Lage, die Chancen einer Klage oder eines Rechtsmittels zuverlässig einzuschätzen und das damit verbundene Kostenrisiko zu überschauen[29]. Da der Klageantrag genau beziffert werden muß (§ 253 II Nr. 2 ZPO), läuft man ohne Orientierungshilfe Gefahr, zu wenig geltend zu machen oder mit dem überschießenden Betrag kostenpflichtig abgewiesen zu werden. Eine Klage auf „angemessenen Unterhalt" zuzulassen[30], wäre kein Ausweg, da das Prozeßrisiko damit allein beim Beklagten läge und ohnehin Tatsachen zur Bezifferung vorgetragen werden müßten.

---

[27] Ähnlich: *Roesen* DRiZ 69, 50.

[28] Diesen Aspekt betonen insb. *Millauer* NJW 67, 1061; Erman / *Heckelmann* § 1361 Rdn 8; OLG Hamm FamRZ 83, 1039 (1040).

[29] *Millauer* NJW 67, 1061.

[30] So aber *Brühl / Göppinger / Mutschler*, Unterhaltsrecht, 3. Aufl., 2. Teil Rdn 1181; Palandt / *Diederichsen*, Einf. v. § 1569 Anm. 4 f (bis zur 42. Aufl. 1983, danach aufgegeben). Dagegen OLG Düsseldorf FamRZ 78, 134 (135) und OLG Frankfurt FamRZ 82, 1223.

Nachteilig ist auch, daß bei ungewissen Prozeßchancen keine fundierte Beratung des Mandanten möglich ist. Prozeßtaktisches Vorgehen verbietet sich damit. Vergleiche lassen sich nur „ins Blaue hinein" schließen, wozu natürlich wenig Bereitschaft besteht. Es wächst das Bedürfnis nach gerichtlicher Klärung der ungewissen Rechtslage und somit die Zahl der Prozesse und die Arbeitsbelastung der Justiz[31]. Hier zeigt sich, daß selbsttätiger Ausgleich außerhalb der Gerichtsgebäude desto leichter fällt, je eindeutiger das Gesetz gefaßt ist. Unbestimmtes Recht dagegen fördert die Konfliktträchtigkeit, weil es allen Beteiligten die Möglichkeit läßt, sich im Recht zu fühlen.

Der außergerichtliche Ausgleich ist vor allem beim Unterhalt nichtehelicher Kinder gefordert. Da das Jugendamt als gesetzlicher Vertreter[32] eines nichtehelichen Kindes vor allem mit der Sicherung des Kindesunterhalts betraut ist, spielt sich ein großer Teil der privaten Unterhaltsbeziehungen unter staatlicher Beteiligung und Einflußnahme ab. Das führt dazu, daß die Exekutive einen Großteil der Unterhaltsbeziehungen nicht bis vor die Gerichte kommen läßt, sondern kraft ihrer Sachkunde und Autorität bereits im Vorfeld der Justiz befriedigend regeln kann. Wenn die Vaterschaft anerkannt ist, ermittelt das Jugendamt die wirtschaftlichen Verhältnisse des Vaters, setzt den Unterhaltsbetrag fest und beurkundet die Verpflichtung so, daß ein vollstreckbarer Titel für den Berechtigten vorliegt (§§ 49, 50 JWG i. V. m. 794 I Nr. 5 ZPO). Auf diese Weise vollzieht sich eine erhebliche Zahl von Unterhaltsregelungen außerhalb der Gerichte. Die Bedeutung dieses Umstandes für den Charakter des Unterhaltsrechts kann nicht genug betont werden. Es leuchtet ein, daß in diesem Bereich nicht richterliche Einzelfallwürdigung, sondern gleichförmiges gesetzmäßiges Verwaltungshandeln gefragt ist. Die Exekutive ist nicht unabhängig wie die Justiz, sondern in weit höherem Maße als diese auf feste gesetzliche Grundlagen angewiesen[33]. Deswegen ist es für die Praxis der Jugendämter undenkbar, ohne feste Richtlinien zu arbeiten[34]. Wie die Justiz dadurch arbeitsmäßig entlastet wird, ist besonders augenfällig: Wenn der Amtsvormund (-pfleger) dem Unterhaltspflichtigen „schwarz auf weiß" darlegen

---

[31] Erman / *Heckelmann* § 1361 Rdn 8.

[32] Als Pfleger, wenn die Mutter volljährig und voll geschäftsfähig ist (§§ 1706, 1709 BGB, 40 JWG), als Vormund, wenn die Mutter beschränkt geschäftsfähig ist (§§ 1773, 1793, 1791 c BGB, 41 JWG).

[33] Im 1. Teil unter I. 2. b) wurde bereits dargestellt, wie das ständige Drängen der Amtsvormünder auf feste Berechnungshilfen die historische Entwicklung beschleunigte. Dieselbe Erfahrung hat man in der Schweiz gemacht, vgl. *Winzeler* S. 55.

[34] Die gleiche Problemlage besteht für BAföG-Ämter und Sozialämter, die Unterhaltsleistungen Angehöriger berücksichtigen müssen und privatrechtliche Ansprüche überleiten und durchsetzen müssen.

kann, welche Vorschriften ihn zu welcher Unterhaltszahlung verpflichten, wird kaum ein Vater das Schuldanerkenntnis verweigern und eine Klage in Kauf nehmen.

Die Forderung, daß eine gerichtliche Entscheidung nachvollziehbar sein müsse, bedeutet mehr als nur die Kehrseite der Vorhersehbarkeit. Ob ein Urteil in Ergebnis und Herleitung von den Parteien nachvollzogen werden kann, hängt vor allem von den Entscheidungsgründen ab. Hier leistet die Pauschalierung große Dienste zur Vereinfachung und Transparenz der Entscheidungsbegründung. Der Richter braucht nicht über seine subjektive Konkretisierung der unbestimmten Vorschrift Rechenschaft abzulegen, sondern kann sich auf die vielfach durchdachte und erprobte Richtigkeit der Pauschalierungsmaßstäbe berufen. Er wird nur — und dann verstärkt — begründungspflichtig, wenn er wegen individueller Besonderheiten von der schematischen Bemessung abweichen will. Die Entlastung der Justiz liegt nicht nur vordergründig in der Zeitersparnis bei der Urteilsfindung, sondern in der geringeren Inanspruchnahme aufgrund gestärkten Rechtsfriedens: Die Akzeptanz des Urteils wächst, je unangreifbarer die Entscheidung auf klare Rechtsvorschriften gegründet steht. Für „Urteilsschelte" bleibt dann kaum noch Raum; das subjektive „Über-den-Daumen-peilen", wie es den Unterhaltsrichtern immer vorgeworfen wurde[35], fordert dagegen die Einlegung von Rechtsmitteln geradezu heraus. Wo diese nicht (mehr) möglich sind, führt mangelnde Nachvollziehbarkeit eines Urteils leicht zu frustriertem Schuldnerverhalten, d. h. schlechter Zahlungsmoral und teurer Vollstreckung. Durch klare Bemessungsgrundsätze wird also der Rechtsfriede gefördert und dadurch in mehrfacher Hinsicht die Justiz entlastet[36].

cc) Wahrung der Einzelfallgerechtigkeit?

Bei soviel Bemühen um Rechtssicherheit stellt sich natürlich die Frage, wie es um die Einzelfallgerechtigkeit bestellt ist. Die Befürchtung ist nicht von der Hand zu weisen, daß bei zu starker Betonung der Pauschalierung das nötige Maß an Einzelfallgerechtigkeit nicht mehr gewahrt wird[37]. In richtiger Erkenntnis dieses Problems hat keine Tabelle oder Berechnungsformel jemals den Anspruch auf Allgemeingültigkeit erhoben; vielmehr wird in „salvatorischen Klauseln" betont, daß es sich

---

[35] Vgl. *Göhring* FamRZ 69, 512 (514).

[36] Die vorangegangenen Ausführungen verwenden zum Teil Argumente, die aus dem rechtsmethodischen Schrifttum zur präsumtiven Verbindlichkeit der Präjudizien bekannt sind; vgl. vor allem *Kriele*, S. 258 ff. In der Tat dient die Präjudizienvermutung ähnlichen Zwecken wie der Gebrauch konkretisierender Orientierungshilfen und hat demnach auch im wesentlichen dieselben Auswirkungen.

[37] So die oben I. 1. in Fußn. 11 angeführten Kritiker der Pauschalierung.

nur um unverbindliche Orientierungshilfen handele, von denen erforderlichenfalls abgewichen werden könne und müsse[38]. Auch bei gesetzlichen Festlegungen, die im Gegensatz zu richterlichen Ordnungen Verbindlichkeit beanspruchen könnten, sind Möglichkeiten geschaffen, im Interesse der Einzelfallgerechtigkeit die Schematisierung zu verlassen (Beispiel: Herabsetzung des Regelunterhalts nach § 1615 h).

So verstanden dient Pauschalierung der Entlastung im Normalbereich und macht dadurch den Blick frei für Besonderheiten, die eine individuelle Abweichung im Einzelfall erfordern[39]. Nicht mehr das Gewöhnliche muß begründet werden, sondern das Ungewöhnliche, das der besonderen Berücksichtigung bedarf. So wird Einzelfallgerechtigkeit eher gefördert als verhindert.

Es soll nicht übersehen werden, daß die Abweichung von vorgegebenen Berechnungshilfen für den Richter unbequem ist. Daher besteht die Gefahr, daß Richtlinien und Orientierungshilfen, wenn sie einmal existieren, fast sklavisch befolgt werden[40]. *Gernhuber*[41] warnt davor, der „Magie von Tabellen und Berechnungsschlüsseln zu erliegen" in Fällen, in denen sie nicht zu sachgerechten Ergebnissen führen können. Ob diese Sorge begründet ist, kann empirisch nicht festgestellt werden. Aussagen von Praktikern dazu sind widersprüchlich[42]. Jedenfalls lebt die Rechtsordnung mit gelegentlich überstrapazierter Schematisierung leichter als gänzlich ohne sie.

c) Historisch-soziale Aspekte

Prozeßökonomie und Rechtssicherheit sind zwar die entscheidenden Gründe für die Entstehung der pauschalierenden Unterhaltsberechnung und gleichzeitig die ausschlaggebenden Argumente für die Notwendigkeit und Zulässigkeit dieser Bemessungsmethode. Damit ist die Durchsetzung der Pauschalierung aber noch nicht hinreichend erklärt; man wird dem Phänomen nur gerecht, wenn man den Drang zur Pauschalierung als geschichtlichen Prozeß mit einer gehörigen Eigendynamik begreift.

---

[38] Vgl. etwa Celler Leitlinien FamRZ 82, 131; Hammer Leitlinien FamRZ 81, 1211; Kölner Unterhaltsrichtlinien FamRZ 82, 100.

[39] Vgl. *Puls*, 2. DFGT Referate, S. 114 f.

[40] *Christian* ZBlJR 82, 559 (564).

[41] Lehrbuch S. 416.

[42] Dies bezieht sich auf mündliche Äußerungen von mir befragter Personen. Im Schrifttum einerseits *Huvalé* ZBlJR 82, 577 (584): Einzelfallumstände erst heranziehen, wenn die Mittel der Unterhaltstabelle versagen; andererseits *Jäger* ZBlJR 82, 590 (597): Jedes schematisch gefundene Ergebnis noch auf Billigkeit überprüfen.

Bemerkenswert ist einmal der Umstand, daß alle schematischen Bemessungsmethoden nicht originär entstanden sind, sondern sich aus vorhandenen Ansätzen oder Vorbildern abgeleitet haben. Die ersten Quoten hatten ihre Vorbilder in den Scheidungsstrafen[43], die Richtsätze in öffentlich-rechtlichen Verordnungen[44], die Schlüssel im Zwangsvollstreckungsrecht[45]. Die Unterhaltsberechnung für eheliche Kinder folgte der Entwicklung im Nichtehelichenrecht[46], Tabellen zum Ehegattenunterhalt orientierten sich an solchen zum Kindesunterhalt[47] usw. Man kann sagen, daß der Gedanke sich wie ein Flächenbrand ausbreitete: Der Funke sprang in andere Teilrechtsgebiete über, wenn die Vorzüge und Erleichterungen erkannt waren. Der Gesetzgeber ordnete sich diesem Trend unter[48]. Wenn er überhaupt tätig wurde, beschränkte er sich darauf, die erfolgreiche Selbsthilfe der Praxis zu legitimieren, sozusagen Gewohnheitsrecht gesetzlich zu fixieren. Das beweist, daß die Pauschalierung von unten organisch gewachsen, nicht von oben dekretiert ist.

Eine entscheidende Ursache der Entwicklung war, wie schon mehrfach angesprochen, die rapide wachsende Zahl von Unterhaltsrechtsstreitigkeiten. Die Erscheinung, daß massenhaft auftretende Sachverhalte griffige, zahlenmäßige Konkretisierungen unbestimmter Rechtsbegriffe erfordern und bewirken, ist auch in anderen Rechtsgebieten zu beobachten, z. B. im Sozialrecht[49], im Arbeitsrecht[50] oder bei wucherischen Konsumentenkrediten[51]. Die pauschalierungsfördernde Vermassung des Unterhaltsrechts beruht ihrerseits auf gesellschaftlichen Veränderungen, die ein verstärktes Bedürfnis nach Barunterhalt hervorrufen. In dieser Hinsicht sind vor allem steigende Scheidungsraten zu nennen, aber auch die generelle Abkehr von der Großfamilie, frühere „Nestflucht" der Kinder, längere Ausbildungsgänge und allgemein wachsender Lebensstandard.

Schließlich ist die Abkehr vom unbestimmten Recht durch Veränderungen im Charakter der privaten Unterhaltspflicht gefördert worden.

---

43 Siehe 1. Teil, I. 1. a).

44 Siehe 1. Teil, I. 2. b).

45 Siehe 1. Teil, II. 1.

46 Siehe 1. Teil, II. 3.

47 Siehe 1. Teil, III. 1.

48 Die einzige Ausnahme, die „trendwidrige" Ersetzung einer relativ bestimmten Vorschrift durch eine unbestimmte im EheG 1938, wurde von der Praxis weitgehend ignoriert; vgl. 1. Teil, I. 1. b).

49 Zahlreiche Beispiele für „Quantifizierungen" unbestimmter Rechtsbegriffe in der Rechtsprechung des BSG bietet *Haueisen* NJW 73, 641.

50 Dazu noch näher unter II. 2. c).

51 Hier versuchen die Instanzgerichte feste Zinsgrenzen zu finden, jenseits derer in der Regel Sittenwidrigkeit nach § 138 vorliegt (z. B. Überschreitung des Marktpreises um 100 %); vgl. zum Ganzen BGH NJW 81, 1206.

Diese Veränderungen ergeben sich dadurch, daß bürgerliches Unterhaltsrecht und öffentliches Sozialrecht immer mehr Berührungspunkte aufweisen[52]. Im Bewußtsein vieler Menschen ist Unterhalt nur eine private Substitution öffentlicher Sozialhilfe. Jedermann weiß, daß er bei Bedürftigkeit Anspruch auf Hilfe hat, sei es durch die Familie, sei es durch die Allgemeinheit. Im Mittelpunkt des Interesses steht der „Anspruch“: die Frage, wer ihn erfüllt, ist zweitrangig. Durch Regreßmöglichkeiten[53] ist das Recht häufig so ausgestaltet, daß es für den Berechtigten in der Tat gleichgültig ist, wer zuerst leistet. Auch weiß selten ein Laie sicher zu sagen, wen er primär in Anspruch nehmen kann. Dementsprechend ist das Unterhaltsrecht nicht nur mit einer Fülle sozialrechtlicher Materien rechtstechnisch verzahnt[54], sondern auch zunehmend von öffentlich-rechtlichen Prinzipien beeinflußt: Präzise Regelungen, wenig Ermessen, größtmögliche Justitiabilität, gleichförmige Behandlung, routinemäßige Leistungsabwicklung und vor allem sozialer Ausgleich durch staatlich gesteuerte Umverteilung[55]. Mit sozialstaatlichem Anspruchsdenken geht eine wachsende materialistische Einstellung einher. Als man Unterhalt noch als altruistische, der Blutsverwandtschaft entspringende Abhilfe von Bedürftigkeit verstand, war der Gedanke eines gesetzlich in Mark und Pfennig fixierten Anspruchs nicht denkbar. Erst die Wandlung vom sittlichen zum wirtschaftlichen Verständnis schuf die Voraussetzung für pauschalierte Unterhaltsberechnung.

II. Quoten und Tabellen als neue Art von Richterrecht

Die bisherigen Ausführungen haben noch wenig darauf abgestellt, wer die nötige Konkretisierung vornimmt; da unbestimmtes Recht auch vom Gesetzgeber selbst bestimmter gemacht werden kann (siehe RegelunterhaltV), gilt das zur Pauschalierung Gesagte prinzipiell gleichermaßen für Richter, Gesetzgeber oder Verordnungsgeber.

Im folgenden ist nun die Problematik der Urheberschaft mitzuberücksichtigen; die wichtigsten Systeme zur Unterhaltsberechnung sind Richterwerk, und zwar Richterrecht sui generis, dessen dogmatische Einordnung und Zulässigkeit weitgehend ungeklärt ist. Darauf hat als erster *Scheyhing*[1] hingewiesen, der schon 1963 treffend feststellte, daß

---

52 Dazu umfassend *Ruland*, Familiärer Unterhalt und Leistungen der sozialen Sicherheit, 1973.

53 §§ 90, 91 BSHG, 36, 37 BAföG, 7 UhVG.

54 Vgl. im einzelnen *Göppinger*, Unterhaltsrecht Rdn 193 ff.

55 *Spangenberg* (DAVorm 83, 478) schlägt bereits den Abschied vom Individualunterhalt vor und befürwortet den Einheitsunterhalt: „Allen das Gleiche“ — ob de lege lata oder de lege ferenda, bleibt unklar.

1 SchlHA 1963, 98.

die Stellung dieser richterlichen Kunstregeln im Gebäude der Rechtsquellenlehre noch wenig erfaßt sei. Dem konnte *Gernhuber*[2] 1983 nur hinzufügen, daß

> in den folgenden zwei Jahrzehnten ... keine erhellende Äußerung gefallen (ist), die uns berechtigen würde, das gegenwärtige Wissen höher einzuschätzen als dasjenige vor zwanzig Jahren.

1. Höherrangiges Recht als Maßstab der Zulässigkeit?

Wie jedes Richterrecht müssen sich Tabellen, Quoten und Leitlinien vor allem an höherrangigen Verfassungsprinzipien messen lassen. In dieser Hinsicht bestehen unter zwei Gesichtspunkten Bedenken: Das Prinzip der Gewaltenteilung und das Erfordernis einer ausreichenden Legitimation könnten nicht hinreichend beachtet sein.

a) Gewaltenteilung

Nach Art. 20 Abs. 2 GG wird die Staatsgewalt durch besondere Organe der Gesetzgebung, der vollziehenden Gewalt und der Rechtsprechung ausgeübt. Dieser Grundsatz der Gewaltenteilung wird allerdings nicht im Sinne einer strikten Trennung verstanden, wie Montesquieu es unter anderen politischen Bedingungen postuliert hatte[3]. Nach moderner Auffassung liegt die Bedeutung der Gewaltenteilung vielmehr in der Verteilung der politischen Macht, dem Ineinandergreifen der drei Gewalten und der daraus resultierenden Mäßigung der Staatsgewalt, durch die die Freiheit des einzelnen bewahrt wird[4]. Dementsprechend kennt das Grundgesetz zahlreiche Verschränkungen der Gewalten mit gegenseitigen „checks and balances". In der Staatsrechtswissenschaft hat man den Aspekt der individuellen Freiheitssicherung lange als alleinigen oder überwiegenden Sinn der Gewaltenhemmung gesehen[5]. Um Grenzen für Einbrüche der Rechtsprechung in die Legislative zu ziehen, gäbe ein derartig verstandenes Prinzip jedoch keinen Maßstab ab. Individuelle Freiheit scheint durch die Rechtsprechung kaum gefährdet, so daß eine Ausweitung richterlicher Kompetenzen verfassungsrechtlich unbedenklich wäre. Schließlich steht jedes Richterrecht letztlich zur Disposition der Legislative[6].

Wenn dennoch im Schrifttum der Grundsatz der Gewaltenteilung als mögliche verfassungsrechtliche Schranke des Richterrechts angeführt

---

[2] FamRZ 83, 1069 (1073).

[3] Zum historisch-ideengeschichtlichen Hintergrund ausführlich *Stern* § 36 I, II, S. 516 ff.

[4] So BVerfGE 7, 183 (188); 9, 268 (279); 22, 106 (111).

[5] Vgl. *Ipsen* S. 130 ff. m. w. Nw. aus der älteren Literatur.

[6] Dies gilt — wie alle folgenden Ausführungen — n i c h t für das BVerfG, dessen „Richterrecht" in jeder Hinsicht besonderer Betrachtung unterliegt.

wird[7], so ist das nur aus einer anderen Funktion dieses Prinzips erklärbar. Diese Funktion liegt in der Sicherung des grundgesetzlichen Kompetenzgefüges schlechthin, weil Aufgaben des Staates sachgerecht nur von Organen wahrgenommen werden können, deren Struktur der Eigenart der Aufgabe angemessen ist. Gewaltenteilung bedeutet demnach, daß eine Staatsgewalt keine Funktion ausüben darf, für die sie nach Aufbau, Besetzung und Verfahren nicht hinreichend gerüstet ist[8]. Dieses moderne Verständnis der Gewaltenteilung bezeichnet *Stern*[9] kurz als „sinnvolle Kompetenzzuordnung".

b) Demokratische Legitimation

Das Erfordernis einer demokratischen Legitimation des Richters, der nicht nur Recht spricht, sondern auch Recht setzt oder gestaltet, ist trotz eingehender wissenschaftlicher Behandlung[10] noch weniger griffig als der Gewaltenteilungsgrundsatz. Setzt man den Begriff gleich mit der Konstituierung durch die Verfassung[11], erweist sich das Legitimationserfordernis als unproblematisch[12], aber auch nichtssagend: Jede Funktion, die durch die Verfassung konstituiert wird, ist eben dadurch auch demokratisch legitimiert, weil alle Staatsgewalt vom Volke ausgeht: „Die Organe der gesetzgebenden, der vollziehenden und der rechtsprechenden Gewalt beziehen ihre institutionelle und funktionelle demokratische Legitimation aus der in Art. 20 Abs. 2 GG getroffenen Entscheidung des Verfassungsgebers"[13]. Das bedeutet, daß die rechtsprechende Gewalt als eine der Emanationen staatlicher Tätigkeit solange demokratisch legitimiert handelt, als sie sich im Rahmen der ihr gesetzlich gezogenen Grenzen bewegt. Damit ist auch diese Frage letztlich ein Kompetenzproblem.

Demokratische Legitimation läßt sich auch mehr im politischen Sinne verstehen: Gefordert ist eine unmittelbare Anbindung an die Willensbekundungen des Souveräns, des Volkes. Das Parlament als primäres rechtsetzendes Organ rekrutiert sich unmittelbar aus demokratischen

---

7 *Hirsch* JR 66, 334 (339); *Schneider* S. 31; *Achterberg* S. 149 ff.; *Fischer* S. 10; *Redeker* NJW 72, 409 (413 f.); *Schlüter,* Obiter dictum S. 10 ff.; *Ipsen* S. 128 ff.; *Wank* S. 85 ff.; 113 ff.

8 In diesem Sinne: *Hesse* § 13 II 1 b) Rdn 489; *Wank* S. 91 f., 113 ff. m. w. Nw. *Achterberg* S. 112 ersetzt den Begriff „Gewaltenteilung" durch „Funktionenordnung".

9 § 36 III 3., S. 530.

10 Vgl. etwa: *Kriele,* S. 15; *Säcker* ZRP 71, 145; *Redeker* NJW 72, 409 (412); *Ipsen* S. 196 ff.; *Wank* S. 207 ff.

11 So *Böckenförde* S. 79.

12 Ähnlich *Redeker* NJW 72, 409 (412).

13 BVerfGE 49, 89 (125).

Wahlen, während das Verfahren der Richterbestellung weitgehend in den Händen ihrerseits demokratisch legitimierter Minister liegt. Die verschiedenen Arten der Richterbestellung (vgl. insb. Art. 94 Abs. 1 S. 2, 95 Abs. 2 GG für das Bundesverfassungsgericht und die obersten Gerichtshöfe) sind wiederholt kritisch auf ihren Legitimationsgehalt untersucht worden[14]; eine Vertiefung würde hier zu weit führen. Ohnehin geben solcherlei Erwägungen für sich allein keinen Maßstab für die verfassungsrechtliche Zulässigkeit von Richterrecht ab. Es gibt keinen Rechtsgrundsatz, der besagt, daß Rechtsetzung ausschließlich von unmittelbar demokratisch legitimierten Organen betrieben werden dürfte. Die nur mittelbare Legitimation der Justiz kann allerdings Auswirkungen auf den Umfang der Rechtsetzungskompetenz haben. Weil die dritte Gewalt unabhängig und nur dem Gesetz unterworfen ist (Art. 97 Abs. 1 GG), muß sie ihre Entscheidung vor niemandem rechtfertigen. Der Parlamentsabgeordnete hingegen muß sich vor dem Wähler verantworten; aus diesem Grunde ist das Parlament als einziges Organ politisch ungebunden und rechtlich nur der Verfassung unterworfen. Parlamentarische Abwählbarkeit und politische Autonomie auf der einen Seite, richterliche Unabhängigkeit und Gesetzestreue auf der anderen Seite gehören zusammen. Daraus folgt eine verminderte Legitimation der Justiz für — vorsichtig ausgedrückt — richtungsweisende, politische Grundsatzentscheidungen von gesteigerter Bedeutung.

Auch der Exekutive geht diese Legitimation ab. Deshalb ergeben sich im Verhältnis Exekutive—Legislative dieselben Abgrenzungsschwierigkeiten. Das Verhältnis dieser beiden Gewalten hat jedoch im Grundgesetz (Art. 80, 83 ff. GG) und entsprechend in der wissenschaftlichen Behandlung mehr Beachtung gefunden als das Verhältnis Legislative—Judikative. Daher liegt es nahe, die dort gefundenen Grundsätze analog heranzuziehen[15]. Das wird dadurch erleichtert, daß in den letzten Jahren der Schwerpunkt der Diskussion um den Vorbehalt des Gesetzes sich von einem dogmatisch-technischen zu einem modernen, politisch-pragmatischen Verständnis verschoben hat[16]. Die heute bestimmende und weitgehend akzeptierte Standardformel lautet: Wesentliche Entscheidungen hat der parlamentarische Gesetzgeber selbst zu treffen und nicht anderen Organen zu überlassen[17]. Diese sog. Wesentlichkeitstheorie gilt nicht nur in Fällen von Grundrechtseingriffen, die einer gesetzlichen Grundlage bedürfen, sondern wird in allen Bereichen staatlichen Handelns herangezogen, seien es nun Eingriffs-, Leistungs-, Planungs-

---

[14] *Säcker* ZRP 71, 145 (149); *Ipsen* S. 200 ff.; *Wank* S. 210 ff.

[15] Ebenso — der Sache nach — *Wank* S. 222 f., 233 f.

[16] Vgl. *Kisker* NJW 77, 1313 ff.

[17] BVerfGE 33, 125 (158); 33, 303 (346); 34, 165 (192); 40, 237 (250); 47, 46 (79); 49, 89 (125); 58, 257 (268).

oder Organisationsvorgänge[18]. Ein extensiver Parlamentsvorbehalt soll gewährleisten, daß politische Fragen im parlamentarischen Verfahren behandelt werden, das allein das nötige Maß an öffentlicher Auseinandersetzung und geregeltem Interessenausgleich bietet[19]. Was allerdings als „wesentlich" anzusehen ist und damit dem Parlamentsvorbehalt unterliegt, ist nach wie vor umstritten[20]. An dieser Stelle soll auch noch keine Antwort versucht werden, sondern nur das Prinzip herausgearbeitet werden. Die eigentliche Wertung erfolgt im Rahmen der nun vorzunehmenden konkreten Kompetenzbeschreibung, wobei der politische Aspekt als einer von mehreren Abgrenzungsgesichtspunkten zu beachten ist.

2. Die Kompetenz der Justiz zur Schaffung pauschalierender Berechnungssysteme

Die Frage, ob die Justiz die Kompetenz zur Schaffung pauschalierender Unterhaltsberechnungshilfen in Anspruch nehmen kann, läßt sich nicht generell für alle Arten von Tabellen oder Quoten beantworten. Es gibt nämlich erhebliche Unterschiede im Zustandekommen der verschiedenen Systeme. Daher soll der Versuch einer Klassifizierung unternommen werden. Es lassen sich drei Arten der Rechtsgewinnung unterscheiden, die zueinander in einem Stufenverhältnis stehen[21]:

a) Klassifizierung der Systeme (Stufenschema)

Ausgangsstufe ist die Konkretisierung in herkömmlicher Form, die dadurch gekennzeichnet ist, daß der Richter zur Entscheidung eines ihm vorliegenden Rechtsstreits ein unbestimmtes Merkmal in abstrakter Typisierung näher bestimmt und damit sowohl einen subsumtionsfähigen Obersatz für „seinen" Fall als auch ein Präjudiz für nachfolgende Fälle gewinnt.

Die zweite Stufe unterscheidet sich davon maßgeblich dadurch, daß der Richter mehr Regeln aufstellt, als zur Rechtsfindung im vorliegenden Fall erforderlich sind. Rechtsgewinnung dieser Art wird gemeinhin als „obiter dictum" bezeichnet: Nach *Schlüter*[22] sind in Abgrenzung zur ratio decidendi alle diejenigen Rechtsausführungen als obiter dicta zu

---

[18] v. Münch / *Schnapp* Art. 20 Rdn 46.

[19] BVerfGE 40, 237 (249).

[20] Vgl. BVerfGE 51, 268 (290).

[21] Diese Einteilung hat nichts mit dem bekannten *Larenz*schen Stufenschema der richterlichen Rechtsfortbildung zu tun (Methodenlehre S. 351); Larenz unterscheidet die Stufen Gesetzesauslegung, gesetzesimmanente Rechtsfortbildung und gesetzesübersteigernde Rechtsfortbildung. Für die Probleme gesetzeskonkretisierenden Richterrechts, wie sie hier in Rede stehen, ist das *Larenz*sche Schema wenig aussagekräftig.

[22] Obiter dictum S. 77; ebenso *Kriele* S. 282.

bezeichnen, die zur Begründung der im konkreten Fall getroffenen richterlichen Entscheidung nicht notwendig sind. Obiter dicta enthalten typischerweise Rechtsansichten, die das Gericht geäußert wissen möchte, ohne sonstige Gelegenheit dazu zu haben[23]. Im Bereich nicht kodifizierten oder weitgehend unbestimmten Rechts betreiben die Revisionsgerichte durch obiter dicta Richtliniensetzung oder Typisierung für die zukünftige Rechtsanwendung[24]. So beruht das unkodifizierte Arbeitsrecht zu großen Teilen auf obiter dicta des BAG[25]. Im Unterhaltsrecht läßt sich die frühere Praxis der Tabellenschöpfung auf dieser Stufe einordnen. Bis 1976 verkündete beispielsweise das LG Düsseldorf die jeweiligen Neufassungen seiner Tabelle in Urteilsbegründungen[26], ohne daß das Regelwerk in seiner Gesamtheit zur Entscheidung des jeweiligen Falles erforderlich gewesen wäre. Der Sinn lag allein darin, für die Zukunft Richtlinien zu erlassen.

Charakterisiert man diese Stufe zusammenfassend als einzelfallgelöste Richtliniensetzung, läßt sich auch die separate Publikation von Tabellen — außerhalb jeder Spruchtätigkeit — noch darunter fassen. Es macht dogmatisch keinen Unterschied, ob noch eine redaktionelle Verbindung mit einer Entscheidungsbegründung besteht oder ob auch dieses Feigenblatt fallengelassen ist. Freilich paßt die Bezeichnung „obiter dictum" dann kaum noch; „separatim dictum" wäre passender.

Ein entscheidender Unterschied besteht erst wieder zur folgenden, dritten Stufe. Bisher war immer ein zuständiges Gericht als Verfasser von Richtlinien aufgetreten, sei es mehr in rechtsprechender (erste Stufe), sei es in eher rechtsetzender Funktion (zweite Stufe). Auf der dritten Stufe sind nun alle diejenigen Regelwerke anzusiedeln, die nicht von gesetzlich berufenen Spruchkörpern, sondern von anderen Gremien, Einzelpersonen oder sonstigen Urhebern geschaffen sind. Dazu gehören alle unterhaltsrechtlichen Leitlinien, die in Koordination mehrerer Senate entstanden sind, desgleichen die Ergebnisse der Unterhaltskommission beim DFGT.

Im folgenden ist nun die Kompetenz differenziert nach diesen Stufen zu untersuchen:

b) Die grundsätzliche Kompetenz zur Konkretisierung

Seitdem erkannt ist, daß die Konkretisierung unbestimmten Rechts nicht Rechtsprechung im engeren Sinne, sondern Normsetzung ist, macht man sich Gedanken über die richterliche Kompetenz zu derartigem

23 *Hilger* S. 120.
24 Dazu *Schlüter* S. 156 ff., 184 ff.
25 Vgl. unten sub c).
26 Vgl. 1. Teil, II. 2. b).

Tun[27]. Niemand bestreitet heute mehr, daß die Rechtsprechung grundsätzlich auch zur Rechtsetzung befugt ist. Das Subsumtionsideal, das den Richter als bloßen „Mund des Gesetzes" sieht, ist nur auf der Grundlage einer gesetzlichen Kodifikation denkbar, die lückenlos, zeitlos und eindeutig im Wortlaut sein müßte[28]. Dieser Anspruch ist zwar mehrfach erhoben worden (z. B. Preußisches ALR), aber konsequent praktizierbar ist er nie.

Heutzutage ist das Modell der Arbeitsteilung zwischen Gesetzgeber und Richter herrschend[29]. Die Legislative hat kein Rechtsetzungsmonopol, sondern lediglich eine Rechtsetzungsprärogative[30]. Nimmt sie diese nicht wahr, ist die Judikative als Ersatzgesetzgeber zur eigenen Regelbildung aufgerufen. Nimmt die Legislative die Prärogative nur eingeschränkt wahr, weil sie eine bestimmte Materie nicht hinreichend bestimmt regeln kann (oder will), delegiert sie die verbleibende Normgestaltung auf den Richter[31]. In keinem Fall entledigt sie sich ihrer Rechtsetzungsaufgabe endgültig, denn sie kann die Initiative jederzeit wieder an sich ziehen[32].

Die Gründe für solche Rechtsbildungsdelegation sind ganz verschieden[33]: Der Gesetzgeber kann nicht alle abstrakt zu regelnden Fälle voraussehen; manchmal steht es auch von vornherein fest, daß der zu erwartende Fallreichtum unter keinen Umständen von einer bestimmten Norm zu bewältigen ist; es kann die Notwendigkeit bestehen, außergesetzliche Wertungen oder Billigkeitserwägungen einfließen lassen zu müssen; schließlich muß eine zeitliche Anpassung möglich sein, sei es im Hinblick auf neue Tatsachen, sei es wegen sich wandelnder Anschauungen („gute Sitten").

All dies sind legitime Gründe, die einen Gesetzgeber zur Verwendung von Generalklauseln veranlassen können. Ob diese Gründe im Unterhaltsrecht — das als geradezu klassisches Terrain unbestimmten Rechts gilt — tatsächlich vorliegen und zu so extensiver Delegation zwingen, braucht an dieser Stelle nicht erörtert zu werden. Diese Frage beantwortet sich nämlich im weiteren Verlauf der Untersuchung von selbst, und zwar im Umkehrschluß dann, wenn die Grenze der richterlichen

---

27 Die jüngste Arbeit dazu, die den heutigen Forschungsstand am besten wiedergibt, ist die Dissertation von *Wank* (hier insbesondere S. 145 ff.); auf die dortigen Nachweise der umfangreichen — auch älteren — Literatur wird verwiesen.

28 *Kriele* S. 60.

29 *Schneider* S. 33.

30 *Kriele* S. 60 ff.

31 Vgl. oben I. 1. mit Fußn. 3.

32 Dies ist nach BVerfGE 25, 167 (181) entscheidend für die Zulässigkeit richterlicher Rechtsetzung.

33 Dazu *Wank* S. 119 ff.

Kompetenz abgesteckt ist: Wenn feststeht, daß die Justiz diese Grenze überschreitet, ist damit zugleich gesagt, daß der Gesetzgeber die Delegation zu weit getrieben hat.

c) Die Kompetenz zur Richtliniensetzung

Wenn ein Gericht seine ursprüngliche Aufgabe, nämlich die Entscheidung von Rechtsstreitigkeiten völlig verläßt, um sich losgelöst von jeder Spruchtätigkeit ausschließlich der Normgestaltung zu widmen, ist das Verhältnis zwischen den beiden Staatsgewalten erkennbar verschoben. Dann muß genau und im einzelnen untersucht werden, ob die Arbeitsteilung zwischen Gesetzgeber und Richter noch sinnvoll geordnet ist.

Vorauszuschicken ist, daß eine so weitgefaßte Rechtsetzungskompetenz der Justiz nicht denknotwendig ausgeschlossen ist: Beispiele beweisen, daß es durchaus üblich ist, der Justiz ausdrücklich die Zuständigkeit zum Erlaß von Richtlinien zu übertragen. So ist in der DDR das Oberste Gericht ermächtigt, sog. Leitungsakte in Form von Richtlinien und Leitungsbeschlüssen herauszugeben[34]. Damit soll eine einheitliche Rechtsanwendung durch alle Gerichte, für die die Richtlinien bindende Wirkung haben, erreicht werden. Bezeichnenderweise ist die Höhe des Kindesunterhalts auf diese Weise geregelt worden: Die Richtlinie Nr. 18 des Obersten Gerichts der DDR[35] enthält detaillierte Anweisungen zur Berechnung des Nettoeinkommens sowie nach Kindesalter, Einkommen und Kinderzahl gestaffelte Bedarfssätze.

Wenn auch der verfassungsrechtliche Hintergrund in der DDR ein völlig anderer ist[36] als in der Bundesrepublik und somit der Vergleichbarkeit Grenzen gezogen sind, beweist das Beispiel doch, daß richterliche Normsetzungskompetenz nicht unüblich ist und sich auch praktisch bewährt hat[37]. Neben dieser ausdrücklich gewährten Kompetenz im Rahmen einer sozialistischen Rechtsordnung gibt es das Beispiel einer langjährig praktizierten und geduldeten Richtlinienrechtsprechung durch das Bundesarbeitsgericht. Die erste berühmt gewordene Entscheidung dieser Art ist das BAG-Urteil zur Rückzahlung von Gratifikationen[38], in dem das Gericht nach Beträgen und Beschäftigungszeiten differenzierte Regeln zur Rückzahlungspflicht aufstellte. Weitere typische Richtlinienentscheidungen sind diesem Urteil gefolgt[39].

---

[34] Ausführlich dazu *Schlüter*, Obiter dictum, S. 58 ff.

[35] Vom 14. 4. 65, GBl. II S. 331, abgedruckt in: Familiengesetzbuch der DDR mit wichtigen Nebengesetzen (Nr. 14).

[36] Auch dazu *Schlüter* aaO S. 66 ff.

[37] *Seifert* S. 233 (Fn. 24).

[38] BAGE 13, 129.

[39] Zuletzt die Richtlinien zur Zulässigkeit der Abwehraussperrung: BAG NJW 80, 1653.

Das Beispiel Arbeitsrecht zu erwähnen, ist auch deshalb notwendig, weil zu berücksichtigen ist, daß die Gegner und Befürworter einer gerichtlichen Kompetenz zur Richtliniensetzung häufig gerade dieses Rechtsgebiet vor Augen haben[40]; ihre Argumente sind entweder spezifisch arbeitsrechtlich[41] und deshalb nicht ins Familienrecht zu übertragen oder so allgemein gehalten, daß sie bei unterhaltsrechtlicher Betrachtung wenig überzeugend wirken. Daher muß eine Kompetenzzuordnung unter enger thematischer Begrenzung erfolgen.

aa) Informationsgewinnung

Ein wichtiger Gesichtspunkt zur sinnvollen Verteilung von Normsetzungsaufgaben ist die Möglichkeit der Informationsgewinnung, weil jede Rechtsetzung auf der Kenntnis und Bewertung genereller Tatsachen („legislative facts") aufbaut. Dabei sind nicht nur gegenwärtige, sondern auch zukünftige Tatsachen zu berücksichtigen, da die Norm ja Geschehensabläufe beeinflussen soll, die in der Zukunft liegen. Ein Gesetzgeber ist daher auf breites Datenmaterial und prognostische Einschätzungen angewiesen. Das wird am Beispiel des Unterhaltsrechts besonders deutlich: Regeln zur Unterhaltsbemessung lassen sich nur aufgrund einer Fülle wirtschaftlicher und gesellschaftlicher Daten aufstellen, wie z. B. Preisniveau, Inflationsentwicklung, Sparquote, Konsum- und Freizeitverhalten, haushalts- und ernährungswissenschaftliche Erkenntnisse, aber auch kinderpsychologische und pädagogische Grundfragen[42] usw. Zur Beschaffung dieses Tatsachenwissens hat der Gesetzgeber die Ministerialbürokratie hinter sich, die mit ihrem vergleichsweise großen und fachkundigen Personalbestand an jedem Gesetzentwurf mitwirkt. Insbesondere die Erhebung statistischen und empirischen Materials ist in größerem Umfang nur über die Fachministerien möglich, die ggf. auf andere Behörden oder Forschungseinrichtungen zurückgreifen können. Das Parlament selbst kann sich die nötigen Kenntnisse durch öffentliche Anhörungen („hearings") oder durch die Einsetzung von Enquêtekommissionen verschaffen. Die Möglichkeiten der Justiz sind demgegenüber beschränkter[43]. Immerhin ist die Gewinnung

---

[40] *Schlüter*, Obiter dictum und *Larenz*, Henkel-FS und Methodenlehre, S. 417 f.

[41] Wie etwa bei *Hilger* S. 120 f.

[42] Letzteres deswegen, weil nach verbreiteter Meinung bei der Bemessung des Kindesunterhalts auch erzieherische Gesichtspunkte mitzuberücksichtigen sind; vgl. OLG Frankfurt/Main FamRZ 81, 1061; BGH FamRZ 83, 473; *K/H-B/B*, 2. Aufl. Rdn 154.

[43] *Larenz*, Henkel-Festschrift S. 38; *Schlüter*, Obiter dictum S. 32; *Haueisen* NJW 73, 641 (644); *Coing* JuS 75, 277 (278); *Wank* S. 158; *Pawlowski* Rdn 76; einschränkend-differenzierend: *Fischer* S. 35 („auf bestimmten Teilbereichen"); vgl. auch BGH NJW 69, 98 (100), wo ausdrücklich darauf hingewiesen wird, daß das dem Gericht zugängliche Tatsachenmaterial nicht für eine einschnei-

genereller Tatsachen keine Frage der Beweisaufnahme, so daß das Gericht nicht den engen Vorschriften der §§ 355 ff. ZPO unterliegt, sondern grundsätzlich alle Informationsquellen nutzen kann[44]. Man erwägt auch, in Anlehnung an § 293 ZPO die Gerichte ihre eigene „Enquête" betreiben zu lassen[45]. Damit stehen dem Richter im wesentlichen folgende Möglichkeiten zur Verfügung: Er kann alles publizierte Material verarbeiten, er kann Auskünfte bei öffentlichen Stellen einholen und er kann sachkundige Personen befragen. Das LG Düsseldorf hat 1969 anläßlich einer Neubekanntmachung der Düsseldorfer Tabelle in einer Urteilsbegründung geschildert, wie es mit diesen Mitteln sich kundig gemacht hat[46]:

> [Das Gericht] hat alle bekannten Warenkorbgutachten überprüft, die weitläufige, einschlägige Literatur zu Rate gezogen, Anfragen an das Bundesministerium für Familie und Jugend in Bonn, das Stat. Bundesamt in Wiesbaden, das Arbeits- und Sozialministerium in Düsseldorf, den Bundesausschuß für volkswirtschaftliche Aufklärungen in Köln, die Deutsche Gesellschaft für Ernährung e. V. in Frankfurt und die Zentralstelle für rationelles Haushalten in Bonn u. a. m. gerichtet. Es hat die Schriften des Deutschen Institutes für Vormundschaftswesen in Heidelberg wie auch dessen Abfindungstabelle und die Tabellenübersicht über Kinderzuschläge und Renten aus dem Sozialrecht berücksichtigt; von den kleineren Schriften des „Deutschen Vereins für öffentliche und private Fürsorge" hat es die Nummern 3 (Erhebungen über Erwerbsarbeit von Müttern), 4 (Empfehlungen für die Anwendung der §§ 84 ff. BSHG), 17 (Empfehlungen für die Heranziehung Unterhaltspflichtiger), 21 (Empfehlungen zum Pflegekinderwesen) und 22 (Mindestunterhaltsrenten für uneheliche Kinder) benutzt. Die Kammer hat ferner mit Vertretern von Jugendämtern, des Sozialgerichtes und des Stat. Landesamtes sowie der Anwaltschaft konferiert ...

Wie man sieht, ist auch ein Gericht in der Lage, sich die erforderlichen Tatsachen für die Erarbeitung einer Unterhaltstabelle auf dem „freien Informationsmarkt" zu besorgen. Das zeigt, daß das so schlagkräftig scheinende Argument des Informationsvorsprungs der Legislative sich angesichts der Art der benötigten Angaben durchaus relativieren kann.

bb) Sachkunde

Gemeinhin spricht man der Judikative auch — unabhängig von den Informationsmöglichkeiten — eine geringere Sachkunde zu[47]. Berufs-

---

dende Rechtsfortbildung (hier zu § 1542 RVO) ausreiche und deshalb sachverständige Untersuchungen und Erhebungen im Gesetzgebungsverfahren erforderlich seien.

[44] a. A. jedoch *Larenz*, Henkel-Festschrift S. 38 f.

[45] Vgl. *Hilger* S. 119; *Ipsen* S. 151; das BAG ist in der Entscheidung zum Heimarbeitsgesetz so vorgegangen (BAG NJW 72, 1911).

[46] JMBl NW 69, 30 (31).

[47] *Schlüter*, Obiter dictum S. 32; *Wank* S. 158.

richter sind Juristen und damit in allen außerjuristischen Fragen nicht durch berufliche Vorbildung sachverständig. Dagegen schöpft der Gesetzgeber aus einem großen Reservoir spezialisierten Sachverstandes: Fachkundige Abgeordnete in den Ausschüssen, ihre Assistenten und Zuträger, Fachausschüsse oder Arbeitskreise der Parteien und vor allem Fachleute aus den Ministerien bieten ein ausreichendes Potential an Sachwissen.

Dieses Ideal scheint aber durch die Wirklichkeit in Frage gestellt. Immer wieder beobachtet man, daß durch Zeitdruck, Überlastung und politischen Opportunismus die Qualität eines Gesetzes nicht den theoretisch dahinterstehenden Sachverstand widerspiegelt. Da der Gesetzgebungsapparat sich immer mehr aufbläht, wird die Behandlung des einzelnen Gesetzes entsprechend nachlässiger. Bei der Justiz läßt sich dagegen feststellen, daß die zunehmende Komplexität der Lebenssachverhalte zu einer gesteigerten Spezialisierung der Richter auch auf außerjuristischen Gebieten geführt hat. Das gilt gerade im Hinblick auf das Unterhaltsrecht: Durch die ständige Beschäftigung mit den Problemen der Unterhaltsbemessung haben Familienrichter einen Kenntnisstand, den die Organe der Legislative kaum erreichen können. Auf diesem Rechtsgebiet kommt es in besonderem Maße auf die tägliche praktische Anschauung und das berühmte „Fingerspitzengefühl" an. Weniger gefragt ist spezielles „Know-how" fremder Fachwissenschaften, wie es etwa ein mit technischen Anlagen befaßter Verwaltungsrichter benötigt. Was der Familienrichter an außerjuristischem Wissen für die Aufstellung von Richtlinien braucht, erwirbt er durch Erfahrung und zumutbare eigene Fortbildung in ausreichendem Maße. Der Legislative geht jede Praxisnähe ab; damit ist sie kaum prädestiniert, auf diesem Gebiet „besseres Recht" zu setzen.

cc) Verfahrensgrundsätze

Gravierende Unterschiede zwischen Rechtsprechung und Gesetzgebung bestehen in den Verfahrensgrundsätzen[48]: Diskussion und Öffentlichkeit kennzeichnen das Gesetzgebungsverfahren; die richterliche Rechtsetzung hingegen geschieht ohne Einflußmöglichkeiten und in nichtöffentlicher Beratung. Am Zustandekommen eines Gesetzes kann sich prinzipiell jeder Bürger beteiligen: entweder als Privatmann über die Parteien und Abgeordneten oder organisiert in Interessenverbänden, deren Stellungnahmen zu jedem sie betreffenden Gesetzentwurf gem. § 23 GGO vorher eingeholt werden müssen. Damit ist der Gesetzgeber allerdings auch lobbyistischen Einflüssen bis hin zu politischen oder wirtschaftlichen Pressionen in vollem Umfange ausgesetzt. Die Rechtsprechung ist davon unabhängig; ein politischer Diskurs findet

[48] *Ipsen* S. 140 ff.

nicht statt, Betroffene haben — sofern sie nicht als Prozeßpartei beteiligt sind — keine Einflußmöglichkeit und werden nicht einmal gehört[49]. Kurz: Das Verfahren ist nicht nur unpolitisch, sondern auch undemokratisch.

Ob es dadurch in spezieller Hinsicht ungeeignet ist, ist damit noch nicht gesagt. Das Fehlen einer öffentlichen Auseinandersetzung bewirkt eine — teilweise sehr wünschenswerte — Entideologisierung zugunsten einer nüchternen, problemorientierten Sachlichkeit. Politische Schaugefechte, Phrasenargumente, persönliche Profilierungsakte und ähnliche unerfreuliche Exzesse der „Mediendemokratie" finden im gerichtlichen Verfahren nicht statt. Vor allem arbeitet der Richter als Normgeber viel rascher und flexibler als der Gesetzgeber, weil er weder sich nach allen politischen Richtungen absichern noch lange Stellungnahmen berücksichtigen muß. Im übrigen kann er auch schneller eine als falsch erkannte Entscheidung revidieren, ohne dabei sein Gesicht zu verlieren[50]. Diese Vorteile haben es erst ermöglicht, daß aus dem neuen, offenen und unbestimmten 1. EheRG von 1976 in relativ kurzer Zeit ein praktizierbares Recht entstand.

Andererseits ist nunmehr eine gewisse Konsolidierung eingetreten, die ein längeres, aber dafür demokratischeres Verfahren vertretbar erscheinen ließe. Zudem treten mehr Verbände und Interessengruppen[51] auf den Plan als früher, die in sachgemäßer Form am Verfahren beteiligt werden müßten. Es geht nicht an, Institutionen, die sich erklärtermaßen um die Unterhaltsinteressen ihrer Mitglieder bemühen, jede Mitwirkung zu versagen oder allenfalls nach Belieben in informeller Weise zu berücksichtigen.

dd) Politische Relevanz

Es bleibt schließlich die Frage nach der politischen Relevanz von Unterhaltsrichtlinien. Anlaß dafür ist der bereits erwähnte Parlamentsvorbehalt[52], der besagt, daß wesentliche politische Dezisionen nur vom Parlament zu treffen sind und nicht delegiert werden dürfen.

Politische Bedeutung läßt sich dem Unterhaltsrecht generell nicht absprechen. Das liegt einmal daran, daß potentiell jeder Bürger davon betroffen ist; tatsächlich leben knapp 40 % der Bevölkerung von Unter-

---

49 *Larenz*, Henkel-Festschrift S. 39; *Ipsen* S. 148.

50 *Coing* JuS 75, 277 (280).

51 z. B. Verband alleinstehender Mütter und Väter e. V. (VAMV); Interessen- und Schutzgemeinschaft unterhaltspflichtiger Väter und Mütter e. V. (ISUV); Deutsches Institut für Vormundschaftswesen (DIV); Deutscher Kinderschutzbund (DKSB); Deutscher Frauenring e. V.; Deutscher Verein für öffentliche und private Fürsorge; Evangelische Aktionsgemeinschaft für Familienfragen u. a.

52 Oben II. 1. b).

haltsleistungen Angehöriger[53]. Entscheidender ist, daß in jedem Gemeinwesen die Verteilung der volkswirtschaftlichen Güter ein zentrales politisches Thema ist. Hier setzt privates Unterhaltsrecht an, indem es Mangellagen feststellt und ausgleicht. Beim privaten Ausgleich bleibt es indessen nicht. Da der Sozialstaat jedem Bürger die Befriedigung bestimmter Bedürfnisse garantiert, zieht das Unterhaltsrecht gleichzeitig auch die Grenze zwischen privater und öffentlicher Hilfe. An Einzelregelungen läßt sich besonders deutlich machen, daß sie auf politischer Dezision und nicht auf rechtlicher Kognition beruhen: Der Selbstbehalt (Eigenbedarf) gilt als „Eckpfeiler"[54] des Unterhaltsrechts, weil er einen allgemeinen Mindeststandard bestimmt und damit auch Ausstrahlung ins Sozialhilfe- und Ausbildungsförderungsrecht hat. Seine Festlegung ist nur in einem breiten Rahmen durch tatsächliche Umstände determiniert; zwischen 800 und 1500 DM läßt sich jeder beliebige Betrag als notwendiger (oder auch angemessener) Selbstbehalt mit Bedarfsberechnungen begründen. Die genaue Fixierung erfolgt letztlich durch eine willkürliche, autonome Entscheidung[55], welchen Lebensstandard man als Minimum allgemeinverbindlich festschreiben möchte. Ginge es beispielsweise um die Festlegung von Mindestlöhnen — ein wirtschaftsrechtlich zwar nicht zulässiger, aber in seinen gesellschaftlichen Auswirkungen vergleichbarer Vorgang — sähe wohl jeder darin ein Politikum ersten Ranges. Mutatis mutandis gilt das Gesagte auch für die Bestimmung einer Sättigungsgrenze, also einer Obergrenze, jenseits derer Bedürfnisse gesellschaftlich und rechtlich nicht mehr anerkannt werden[56]. Schließlich kann privates Unterhaltsrecht Förderer wie Hemmschuh gesellschaftspolitischer Entwicklungen sein, die zwar ohne jeden Bezug auf das Unterhaltsrecht definiert werden können, von diesem aber nachhaltig beeinflußt werden[57]. Weil Bedürftigkeit immer Abhängigkeit erzeugt, sind alle Emanzipationsbestrebungen — der Jugend wie der Frauen — eng mit der Frage des Unterhalts verknüpft. Der Streit um das Ausmaß der Emanzipation muß politisch geführt werden; unterhaltsrechtliche Annexprobleme sind schon aus diesem Grunde politisch und dürfen keinesfalls zur Kaschierung benutzt werden.

Es zeigt sich also, daß Probleme der Unterhaltshöhe durchaus eine politische Dimension haben. Ob sie so „wesentlich" für das Gemeinwesen sind, daß gemäß der Standardformel des Parlamentsvorbehalts der

---

[53] Statistisches Jahrbuch 1983, S. 96 (genau: 37,8 % der Wohnbevölkerung).

[54] So *Weychardt* DAVorm 79, 321.

[55] Ebenso *Weychardt* aaO Sp. 324; ähnlich *Schlüter*, Unterhaltsrecht, S. 256 ob. und *Puls* ZBlJR 82, 603 (607), die deshalb der Rspr. die Regelungskompetenz abspricht.

[56] Zur Sättigungsgrenze näher im 3. Teil, II. 3. b) cc).

[57] So richtig *Gernhuber* FamRZ 83, 1069 (1072).

Justiz die Kompetenz zur Regelung abzusprechen ist, ist schwer zu entscheiden. Die Rechtsprechung hat noch keine brauchbare Konkretisierung des Wesentlichkeitskriteriums geleistet[58]. Ebensowenig existieren verläßliche Fallgruppen; einerseits sind hochpolitische Fragen wie das Arbeitskampfrecht nach wie vor Richterrecht[59], andererseits sind eher periphere Dinge wie das Schulgebet in die Kompetenz der Legislative verwiesen worden[60]. Vergleiche helfen also nicht weiter. Eine am Sinn und Zweck des Parlamentsvorbehalts ausgerichtete Deutung müßte dahin gehen, dasjenige als „wesentlich" anzusehen, was politisch kontrovers ist[61] oder jedenfalls bei hypothetischer Betrachtung unterschiedlichen politischen Lösungen zugeführt werden könnte[62]. Nur dann kann das parlamentarische Verfahren richtig zum Zuge kommen; der Einsatz des aufwendigen Apparates von Parlament und öffentlicher Meinung ist stets dort und vielfach auch nur dort erforderlich und sinnvoll, wo es Konflikte zu lösen gilt.

Auch wenn die Höhe des Unterhalts zwischen Verwandten und geschiedenen Ehegatten nicht gerade im Mittelpunkt der Parteiprogramme steht, so lassen sich doch viele der oben angeschnittenen Fragen politisch kontrovers beantworten. Man denke beispielsweise an die Diskussion über die Höhe der BAFöG-Sätze, die im privatrechtlichen Bereich (Bedarf des volljährigen Kindes) genauso denkbar wäre. Ein anderes Beispiel: Jede dem unterhaltsberechtigten Ehegatten nachteilige Berechnungsweise würde Frauenpolitiker(innen) auf den Plan rufen, weil meistens geschiedene Frauen die Bedürftigen sind. Schließlich spricht der „Zeitgeist", der verstärkt das Verhältnis zwischen staatlicher und privater Hilfe überprüft wissen will, für ein starkes politisches Moment, so daß der Parlamentsvorbehalt eine gesetzgeberische Lösung angezeigt sein läßt[63].

Betrachtet man alle genannten Argumente (Informationsgewinnung, Sachkunde, Verfahren, politische Bedeutung), überwiegen jedoch knapp die Vorteile der richterlichen Rechtsetzung, so daß man der Justiz die Kompetenz zur Richtliniensetzung nicht absprechen kann. Starke Bedenken dagegen sind jedoch vorhanden; sie müssen als weiterhin bestehend im Auge behalten werden, wenn im folgenden die Kompetenz für die dritte Stufe untersucht wird.

---

58 So das Eingeständnis des BVerfGE 51, 268 (290).

59 Vgl. die vom BAG leitsatzartig aufgestellten Regeln zur Zulässigkeit der Abwehraussperrung: BAG NJW 80, 1653.

60 BVerfGE 52, 223.

61 So *Kisker* NJW 77, 1313 (1318); ähnlich *Fischer* S. 32.

62 *Wank* S. 223.

63 In diesem Sinne vor allem *Schlüter*, Unterhaltsrecht, S. 243, 255 f.; auch *Puls* ZBlJR 82, 603 (612).

d) Die Kompetenz verfahrensrechtlich unzuständiger Urheber

Nach der Reform des Ehescheidungsrechts und der Veränderung des Rechtsmittelzuges durch das 1. EheRG im Jahre 1977 sind die Unterhaltstabellen und -leitlinien in einer neuen, ungewohnten Weise zustandegekommen, die noch einmal kurz in Erinnerung gerufen werden soll[64]: Richter aus verschiedenen Familiensenaten eines OLG verständigten sich auf gemeinsame Berechnungsgrundlagen. Um unter mehreren Gerichtsbezirken Rechtseinheit herzustellen, kam es zu Koordinierungsgesprächen zwischen Vertretern mehrerer Oberlandesgerichte, meist auf Landesebene. Schließlich fand sich in der Unterhaltskommission des Deutschen Familiengerichtstages (DFGT) ein Gremium, das bundesweit die Fortentwicklung der Düsseldorfer Tabelle übernahm. Diese Art gerichtsübergreifender Willensbildung gab es bisher nicht[65]; materiell besteht zwar kein Unterschied zur zweiten Stufe (Richtliniensetzung), doch das Verfahren ist neu und ohne gesetzliche Grundlage, was seine Zulässigkeit sehr in Frage stellt[66].

Die gerichtliche Koordinierung lehnt sich deutlich an ein gesetzliches Vorbild an: Beim BGH sind Große Senate für Zivilsachen und Strafsachen eingerichtet (§ 132 GVG), um abweichende Entscheidungen einzelner Senate zu verhindern (§ 136 GVG). Beim OLG besteht ein entsprechendes Bedürfnis, die einer Revision nicht zugänglichen Fragen unter den oft zahlreichen Familiensenaten einheitlich zu handhaben. Mit ihren Koordinierungstreffen haben die Richter so etwas wie einen „Großen Senat für Unterhaltsrecht" ins Leben gerufen[67]. Ein ähnlich plakativer Vergleich der DFGT-Unterhaltskommission mit einer Institution der bestehenden Gerichtsverfassung bietet sich leider nicht an. Das angestrebte Ziel ist deutlich: Selbstgeschaffene Institutionen oberhalb der zuständigen Gerichte sollen die divergierenden Ansichten zusammenführen; ihre Ergebnisse sollen im Interesse der Rechtseinheit von allen „untergeordneten" Gerichten angewendet werden.

Solches Vorgehen bedarf einer rechtlichen Grundlage. Art. 101 GG, das Prinzip des gesetzlichen Richters, läßt der Justiz nur begrenzten Raum für eigenständige Regelungen; die grundgesetzlich geforderte Gerichtsverfassung geht von klaren, gesetzlich geregelten Zuständigkeiten

---

64 Dazu bereits im 1. Teil unter III. 2.

65 Früher gab es lediglich Orientierungsgespräche zwischen beteiligten Richtern (vgl. 1. Teil, II. 2. b); die Richtlinien erließ immer das zuständige Gericht allein.

66 Das Problem ist bisher lediglich von *Rogge* (DRiZ 80, 61, 62), *Gernhuber* (FamRZ 83, 1069, 1072) und *Schwab* (Tendenzen, S. 16) angesprochen, allerdings ohne definitive Ergebnisse.

67 *Weychardt* (DAVorm 84, 81 und erneut DAVorm 84, 637, 638) gebraucht bereits diesen Begriff, ohne jedoch die Sache zu problematisieren.

und im voraus bekannter Geschäftsverteilung aus. Die Prozeßordnungen sichern im Zusammenwirken damit ein streng rechtsstaatliches Verfahren. Mit diesem Leitbild verträgt sich kaum ein selbstgebastelter „Großer Senat", dessen Zusammensetzung ebenso ungeregelt ist wie sein Geschäftsgang (Abstimmungen, Mehrheiten etc.). Vor allem müßte sichergestellt sein, daß jeder Richter oder jeder Senat ausreichend repräsentiert ist, um überhaupt eine Spur von Legitimation herzustellen.

In dieser Hinsicht steht die Unterhaltskommission noch weit mehr auf tönernen Füßen. Der DFGT ist ein bürgerlichrechtlicher Verein und hat mit der organisierten Justiz nichts zu tun[68]. Die Unterhaltskommission hat sich selbst institutionalisiert, ihre Mitglieder selbst rekrutiert und ihre Aufgaben selbst bestimmt — ein privater Gesprächskreis von Unterhaltsfachleuten. Im vollen Bewußtsein dessen vermeidet die Kommission publizistisches Aufsehen und arbeitet eher im Verborgenen. Das kann nicht darüber hinwegtäuschen, daß die maßgeblichen Entscheidungen zur Fortentwicklung der Düsseldorfer Tabelle in diesem Gremium fallen, weil keine andere offizielle oder inoffizielle Institution auf Bundesebene existiert, die sich des Problems der Tabellenvereinheitlichung angenommen hat. Die Diskrepanz zwischen faktischer Bedeutung und mangelnder organisatorisch-rechtlicher Absicherung ist erschreckend[69].

Man könnte jetzt einwenden, es gehe nicht um offizielles Justizhandeln, sondern lediglich um informellen Gedankenaustausch zwischen betroffenen Richtern. Kein Gericht sei willens und in der Lage, sich per Absprache mit anderen Gerichten zu binden oder gar einer Mehrheitsentscheidung zu unterwerfen. Die richterliche Unabhängigkeit werde also nicht angetastet. Eine solche Betrachtungsweise wäre jedoch formalistisch und widersprüchlich: Oberstes Ziel der Koordinierungsbemühungen ist gerade die Konformität der Rechtsprechung; soll das Ganze einen Sinn haben, muß sich jeder Familienrichter und jeder Senat den überorts ausgehandelten Ergebnissen unterwerfen und sie seiner Spruchtätigkeit zugrunde legen[70]. Die Unabhängigkeit steht also nur auf dem Papier; der Richter, der sie ausnutzt — was ihm freisteht —, führt damit die Vereinheitlichungsbestrebungen ad absurdum.

Ebenso vordergründig ist das Argument, das erkennende Gericht mache sich durch die Übernahme fremder Regeln diese zu eigen und

---

[68] *Jäger* (ZBlJR 82, 590, 594) weist darauf hin, daß „viele Richter sich durch die Grundtendenz des Familiengerichtstages nicht hinreichend repräsentiert fühlen".

[69] Die Informationen betr. die Unterhaltskommission stammen überwiegend von Frau Richterin am OLG Jutta *Puls*, Hamburg, der ich dafür herzlich danke.

[70] Im gleichen Sinne: *Gernhuber* FamRZ 83, 1069 (1073).

betreibe somit rechtlich betrachtet eigene Normbildung; woher es seine Grundlagen nehme, ob aus eigener Erkenntnis oder aus sonstigen Quellen, sei ihm unbenommen. Das gilt eben auch nur dort, wo Entschließungsfreiheit herrscht, nicht unter indirektem Zwang zur Anpassung.

Selbstverständlich soll mit dieser Kritik der Nutzen solcher richterlichen Gesprächskreise für Erfahrungsaustausch und Reformanregungen nicht in Abrede gestellt werden; es geht allein um ihre Kompetenz zur Normsetzung.

Als Ergebnis der Kompetenzprüfung läßt sich folgendes feststellen: Die Konkretisierung unbestimmten Rechts, auch in der gesteigerten Form der Richtliniensetzung, ist solange als zulässiges Richterrecht anzusehen, wie es sich in den gesetzlich gezogenen Bahnen bewegt. Insoweit ist der gesetzliche Richter i. S. d. Art. 101 GG auch der gesetzlich berufene (Ersatz-) Normgeber. Er ist an die jeweilige Prozeßordnung gebunden und unterliegt auch im übrigen den Justizverfahrensvorschriften (Geschäftsverteilung, Dienstaufsicht etc.). Wird der Boden des Verfahrensrechts verlassen, indem die Justiz eigenmächtig neue Beratungsgremien kürt und gesetzlich nicht vorgesehene Verfahrensweisen praktiziert, bricht ihre Legitimation zusammen. Niemand würde es wagen, einen „Großen Senat" als selbstgeschaffene neue Instanz an der gerichtlichen Spruchtätigkeit zu beteiligen. Für die gerichtliche Normsetzung wird dies offenbar als unschädlich empfunden, obwohl für diese an die Justiz nur delegierte Aufgabe eher strengere Maßstäbe anzulegen sind. Daher steht und fällt die Kompetenz des Richters zur Normsetzung mit seiner Kompetenz zur Streitentscheidung; wo diese fehlt, ist jene erst recht nicht gegeben.

3. Folgerungen

Trotz des eindeutigen Verdikts ist eine differenzierte Folgenbetrachtung erforderlich: Der Vorwurf der Kompetenzüberschreitung trifft zwar die Rechtsprechung, doch schuldig ist der Gesetzgeber. Die Justiz befindet sich in einer notstandsähnlichen Situation[71]: Sie ist einerseits den Forderungen nach Prozeßökonomie und Rechtssicherheit ausgesetzt und unterliegt andererseits dem Rechtsverweigerungsverbot. Letzteres verbietet ihr, eine Entscheidung mit der Begründung zu versagen, der Gesetzgeber stelle keine subsumtionstaugliche Norm zur Verfügung[72].

---

[71] *Müller-Freienfels* S. 338; *Gernhuber* FamRZ 83, 1069 (1073); der Gedanke eines Rechtsnotstands als Rechtfertigung gesetzesüberschreitender Rechtsfortbildung stammt von *Larenz* (Methodenlehre S. 411), dessen Kriterien für das Vorliegen eines „echten Rechtsnotstands" allerdings viel zu vage sind.

[72] *Larenz,* Methodenlehre S. 281; kritisch zum Zusammenhang von Rechtsverweigerungsverbot und der Entstehung von Richterrecht *Ipsen* S. 53 f.

Sie muß sich die Norm selber bilden und dabei den rechtsstaatlichen Forderungen nach Gleichbehandlung und Rechtssicherheit Genüge tun. Das ist nur in der Weise möglich, wie es die Rechtsprechung in den vergangenen Jahren praktiziert hat; zu dem von ihr beschrittenen Weg bestand keine diskutable Alternative. Das größte Teilstück des Weges war ja auch zulässig; als sich Ende der 70er Jahre abzeichnete, daß das letzte Wegstück zu einem einheitlichen Unterhaltsrecht durch unzulässiges Terrain führen mußte, hätte der Gesetzgeber eingreifen müssen. Die Justiz verdient eher noch ein Lob für die unkonventionellen, phantasievollen Methoden der gerichtsübergreifenden Koordination, ohne die keine örtliche Gleichbehandlung und damit keine Rechtssicherheit erzielt worden wäre. Um es mit den Begriffen des Notstands zu sagen: Das geschützte Interesse überwiegt das beeinträchtigte wesentlich; die Gefahr einer unerträglich dissonanten Rechtsprechung wiegt schwerer als die Kompetenzüberschreitung und der damit verbundene Legitimationsverlust.

Wenn die zulässigen Methoden richterlicher Rechtsetzung versagen und nur unzulässige noch Erfolg versprechen, bedeutet dies, daß Normbildungsdelegation auf die Rechtsprechung in diesem Umfang nicht möglich ist. Der sachadäquate Teilstrich auf der erwähnten Skala zwischen Kasuistik und Generalklausel ist verfehlt.

Der Gesetzgeber ist also aufgerufen[73], Regelungen zur Unterhaltsberechnung vorzulegen, die so bestimmt sind, daß richterliche Orientierungshilfen entbehrlich sind. Der Kompetenzmangel wäre schon geheilt, wenn die bewährten richterlichen Systeme — d. h. insbesondere die Düsseldorfer Tabelle — die Zustimmung der Legislative erhielten. Insofern wäre sogar die historische Kontinuität gewahrt, da der Gesetzgeber der Vergangenheit es in der Regel dabei beließ, das Bestehende zu legitimieren anstatt Neues zu etablieren.

Im Bundesministerium der Justiz sind Arbeiten zur Neuordnung des Unterhaltsrechts im Gange. Die bisher bekanntgewordenen Pläne sehen in der Tat die Einführung eines pauschalierenden Berechnungssystems für alle Unterhaltsansprüche vor. Ähnlich wie beim Nichtehelichenunterhalt soll eine gesetzliche Ermächtigungsnorm eine flexible Veränderung durch Rechtsverordnung[74] zulassen.

[73] Unter anderem von *Schlüter,* Unterhaltsrecht S. 250 ff.; *Puls* ZBlJR 82, 603 (612); *Huvalé* ZBlJR 82, 577 (586 ff.) mit eigenen, dezidiert ausgearbeiteten Vorschlägen; *Gernhuber* FamRZ 83, 1069 (1073); *Christl* NJW 84, 267 (271); *Weychardt* DAVorm 84, 637 (639) sowie vom Deutschen Richterbund — Presseerklärung vom 29. 4. 81 — DRiZ 81, I 47. Zurückhaltend *Christian* ZBlJR 82, 559 (563).

[74] Darin liegt nicht etwa ein neuerlicher Verstoß gegen den Parlamentsvorbehalt: Die Verordnung leistet nur die inflationsbedingte Anpassung, das eigentliche Berechnungssystem steht im Gesetz.

Unabhängig davon, welches Berechnungssystem letztlich im Gesetz stehen wird, scheint doch die feste Absicht erkennbar, die Tabellen endlich aus der Grauzone mangelnder Legitimation herauszuholen[75]. Nicht zuletzt wegen seiner historischen Folgerichtigkeit wäre dieser Schritt nur zu begrüßen.

[75] Dies wird grundsätzlich auch in einer ersten Stellungnahme des Deutschen Richterbundes gutgeheißen (DRiZ 84, 28); die herbe Kritik betrifft nur inhaltliche Schwächen des Entwurfs.

Dritter Teil

Heutige Praxis der pauschalierenden Unterhaltsberechnung

I. Bedarf des Unterhaltsberechtigten

1. Dogmatische Vorbemerkung

Die Höhe des Unterhalts bestimmt sich nach dem Lebensbedarf und den Lebensverhältnissen; letztere sind bedeutungsgleich mit der Lebensstellung. Überlegungen zur Unterhaltsbemessung müssen an diesen zentralen Begriffen ansetzen.

Die Komplexität des Kriteriums der Lebensverhältnisse ist durch die geschichtliche Entwicklung bereits erheblich reduziert: Gleichgültig, ob es um die gemeinsamen ehelichen oder die persönlichen Lebensverhältnisse, um selbständige oder abgeleitete Lebensstellung geht, in jedem Fall wird darunter die Anknüpfung an eine bestimmte Einkommenssituation verstanden[1] — fraglich ist im Einzelfall nur, *wessen* Einkommenssituation maßgebend ist.

Einkommen dient — jedenfalls in unterhaltsrechtlich relevanten Konstellationen — nicht nur *einer* Person zur Bedarfsdeckung, sondern mindestens zweien, in der Regel einer größeren Unterhaltsgemeinschaft. Damit ist klar, daß die Anzahl der unterhaltsberechtigten Personen Einfluß auf die Unterhalthöhe hat; in welcher Weise, ob qua Lebensverhältnisse oder qua Bedarf, ist dogmatisch ungeklärt[2].

Ebenso ungeklärt ist der Begriff des Lebensbedarfs. Die Vorstellungen darüber, wie Bedarf zu bestimmen ist und wovon er abhängt, sind ausgesprochen schillernd. Einigkeit besteht lediglich darin, daß die Bedarfshöhe bei Kindern vom Lebensalter abhängt.

Schließlich spricht das Gesetz noch vom „Maß“ des Unterhalts. Damit ist offenbar nicht direkt die Höhe gemeint, sondern das qualitative und quantitative Ausmaß der Bedürfnisbefriedigung[3]. Diese Kategorie stif-

---

[1] Vgl. 1. Teil, II. 2. b) a. E. Gleichwohl sind nach wie vor Ausnahmefälle denkbar, in denen sich eine ausschließliche Beurteilung nach dem Einkommen verbietet.

[2] Dazu *Hübner* S. 32 f.

[3] *Schwab*, Familienrecht, Rdn 506.

tet indes nur Verwirrung, weil sie zur näheren Bestimmung der Unterhaltshöhe nichts beiträgt[4].

Somit bleiben die Determinanten Einkommen — Lebensverhältnisse — Anzahl der Berechtigten — Lebensbedarf, die die Unterhaltshöhe steuern. Das Zusammenspiel und die wechselseitige Beeinflussung dieser Größen, die bereits theoretisch ungeklärt sind, mittels eines praktischen Unterhaltsberechnungssystems in den Griff zu bekommen, ist ein Unterfangen, das der Quadratur des Kreises ähnelt.

2. Bestimmung eines abstrakten Lebensbedarfs

Bedarf als Inbegriff dessen, was zum Lebensunterhalt erforderlich ist, ist bei unvoreingenommener Betrachtung ein feststellbarer und überprüfbarer Wert. So wird an Unterhaltsbedarfstabellen die Forderung herangetragen, daß sie „richtige" und nachvollziehbare Bedarfswerte ausweisen müssen, um der gesetzlichen Vorgabe gerecht zu werden und Akzeptanz zu erzielen. Daher sei eine möglichst objektive, wissenschaftlich abgesicherte Bedarfsermittlung für die Aufstellung einer Tabelle unerläßlich. Wo immer diese verbreitete Forderung erhoben wird[5], wird meist im gleichen Atemzug bemängelt, daß die Möglichkeiten und Ergebnisse abstrakter Bedarfsermittlungen noch höchst unbefriedigend seien. Daher sollen im folgenden die denkbaren Methoden der Bedarfserforschung dargestellt und auf mögliche Fehlerquellen untersucht werden.

Zur terminologischen Abgrenzung ist zu bemerken, daß die Sozialwissenschaft die Begriffe „Unterhaltsbedarf" und „Unterhaltskosten" streng unterscheidet[6]: Unterhaltsbedarf ist die Summe der Geld- und Sachleistungen, die für erforderlich gehalten wird, den Lebensunterhalt einer Person zu gewährleisten. Unterhaltskosten oder Lebenshaltungskosten sind hingegen die effektiv aufgewendeten Mittel während einer bestimmten Meßperiode. Die sog. Warenkorbmethode versucht, den Unterhalts*bedarf* festzustellen, während die Methode der Verbrauchsrechnung über die tatsächlichen Unterhalts*kosten* zu Aussagen über den Bedarf gelangen will. Beide Verfahren lassen sich allerdings nur im Ansatzpunkt strikt trennen; in der Durchführung sind begriffliche und methodische Überschneidungen unvermeidlich.

---

[4] Beispiel: Ein Mantel gehört zum Lebensbedarf. Er wird durch einen billigen Mantel maßvoll gedeckt, durch einen Pelzmantel in hohem Maße befriedigt. Steigert ein zweiter, zusätzlicher Mantel den Bedarf oder das Maß der Bedarfssättigung?

[5] *Mutschler* FamRZ 72, 345 (349); *Puls*, DFGT-Referat S. 121 f. und ZBlJR 82, 603 (614); *Christian* ZBlJR 82, 559 (564, 568, 572 ff.); *Christl* NJW 82, 961 (965); *Huvalé* ZBlJR 82, 577 (582).

[6] *Euler* WiSta 74, 320 f.

a) Warenkorbmethode

Die Warenkorbmethode ermittelt in zwei Stufen den zur Lebenshaltung erforderlichen Geldbetrag: Zuerst werden die in einem bestimmten Zeitraum anfallenden Bedürfnisse zu einem fiktiven Warenkorb zusammengestellt; sodann werden die Einzelhandelspreise der einzelnen Güter festgestellt. Ein Vorteil des zweistufigen Verfahrens liegt darin, daß eine durchsichtige Anpassung an Kaufkraftveränderungen möglich ist, da nur die preisliche Bewertung sich verändert, die Zusammensetzung des Korbes dagegen unverändert bleiben kann. Der Hauptnachteil der Warenkorbmethode ist, daß es eine objektive Methode zur Auswahl der erforderlichen Waren nicht gibt[7]. Letztlich hängt die Zusammensetzung des Bedarfsschemas von subjektiven Vorstellungen ab. Immerhin gibt es einige Ansatzpunkte, um willkürlich gegriffene Werte zu vermeiden. Gewisse Bedarfsposten müssen zwangsläufig im Warenkorb berücksichtigt sein; dazu gehören Grundbedürfnisse wie Ernährung, Unterkunft, Kleidung, Heizung, Kochfeuerung, aber auch Beleuchtung, Körperpflege, notwendiger Hausrat u. ä.[8] Hier liegen die Probleme bei der Quantifizierung; der Wohnbedarf einer Person läßt sich beispielsweise kaum in Quadratmetern bemessen. Die umfangreichste Bedarfsgruppe „Ernährung“ kann heute mit Hilfe medizinischer und ernährungswissenschaftlicher Erkenntnisse gebildet werden; auf der Basis ausgewogener Nährstoffzusammenstellungen vermögen Fachleute den spezifischen Ernährungsbedarf von Kindern und Jugendlichen zu errechnen[9]. Für Erwachsene ist dies wegen der mit zunehmendem Alter ausgeprägten individuellen Besonderheiten (Konstitution, Gewicht, Kalorienverbrauch) wesentlich schwieriger. Überhaupt ist bei Säuglingen und Kleinkindern die Bedarfsstruktur noch so einheitlich, daß sich relativ zuverlässige Aussagen über die notwendigen Bedürfnisse gewinnen lassen. Deshalb verwundert es nicht, daß Warenkörbe gerade für Kinderbedarf sehr gebräuchlich sind und in diesem Bereich auch eine lange Tradition aufweisen. Solche Beispiele für zuverlässige Bedarfsschätzungen stehen indes ziemlich allein. Im allgemeinen läßt sich objektiv nicht einmal ermitteln, wessen ein Mensch zum Existenzminimum bedarf, geschweige denn zu einer angemessenen Lebensführung. Bei den meisten Bedarfsgruppen ist man völlig von subjektiven Vorstellungen über die Notwendigkeit der Befriedigung bestimmter Bedürfnisse abhängig. Das jeweilige Vorverständnis des Beurteilers, seine gesellschaftlichen, kulturellen oder hygienischen Anschauungen fließen zwangsläufig in die

---

[7] So schon die *Bundesregierung* in der Begründung zur Rechtsverordnung zu § 1615 f (Regelunterhalt-Verordnung), BR-Drucks 271/70, S. 7.

[8] Vgl. die Aufzählung in § 12 I BSHG.

[9] Vgl. etwa NDV 81, 111.

Beurteilung ein[10]. Daher sagt *Leitner*[11] zu Recht, daß die Ausarbeitung eines Warenkorbes „keine Leistung des Erkennens, sondern eine des Bestimmens“ ist. Es geht um begründungsbedürftige Entscheidungen über Umfang und Inhalt dessen, was als rechtlich anzuerkennendes Bedürfnis gelten kann und gelten soll.

Das hat Konsequenzen für die Anwendbarkeit der Warenkorbmethode: Sie ist dort sinnvoll, wo es wirklich um die Festsetzung von Standards geht, wo nicht Empirie, sondern Definition gefragt ist. Das ist im Sozialhilferecht der Fall, in dem die Warenkorbmethode hauptsächlich Anwendung findet. Der Staat gewährt Hilfe zum Lebensunterhalt demjenigen, der seinen notwendigen Unterhalt nicht aus eigenen Kräften bestreiten kann, um ihm ein Leben entsprechend seiner Menschenwürde zu ermöglichen (§ 1 BSHG). Die konkretisierende Festlegung dessen, was zum notwendigen Unterhalt gehört, ist dem Deutschen Verein für öffentliche und private Fürsorge — hier wiederum dem Arbeitskreis „Aufbau der Regelsätze“ — übertragen, der einen Warenkorb („Bedarfsmengenschema“) erstellt hat, der als Berechnungsgrundlage für die Festsetzung der Regelsätze durch die Länder dient (vgl. § 22 III BSHG). Zwar muß auch dieser Warenkorb wegen des Bedarfsdeckungsprinzips tatsächliche Verbrauchsgewohnheiten berücksichtigen, aber der Freiraum für Wertungen, was als Bedürfnis anzuerkennen ist und was nicht, ist hier wesentlich größer als im privaten Unterhaltsrecht, weil die öffentliche Hand autonom bestimmen kann, in welchem Umfang sie Sozialhilfe gewähren will. Aus eben diesem Grunde lehnt die Bundesregierung auch eine mehrfach geforderte[12] Angleichung des Regelunterhalts an die BSHG-Regelsätze konsequent ab[13].

b) Verbrauchsrechnungsmethode

Die Methode, den Unterhaltsbedarf mit statistischen Mitteln anhand von Wirtschaftsrechnungen privater Haushalte festzustellen, ist vom Ansatzpunkt geeigneter als die Warenkorbmethode. Als Grundlage dienen dabei die Daten der amtlichen Verbrauchsstatistik, die einerseits auf den „laufenden Wirtschaftsrechnungen“, andererseits auf den „Einkommens- und Verbrauchsstichproben“ beruht[14]. Bei den laufenden Wirtschaftsrechnungen handelt es sich um monatliche Erhebungen über

---

[10] In diesem Sinne kritisch zur Warenkorbmethode: Begründung der *Bundesregierung* aaO, *Euler* WiSta 74, 320; *Leitner* NDV 82, 154 (157); *Puls* ZBlJR 82, 603 (613).

[11] NDV 82, 154 (156).

[12] So von *Puls*, DFGT-Referat S. 121; später von *Huvalé* ZBlJR 82, 577 (583).

[13] Begründung zur Regelbedarf-VO 1979, BR-Drucks. 401/79, S. 3.

[14] Vgl. Vorbemerkungen zum Abschnitt „Wirtschaftsrechnungen und Versorgung“ im Statistischen Jahrbuch (1984: S. 456).

sämtliche Einnahmen und Ausgaben in jeweils tausend ausgewählten Privathaushalten. Die Erhebung erstreckt sich auf drei Haushaltstypen, deren Auswahlmerkmale genau festgelegt sind[15]. Zusammen repräsentieren diese drei Haushaltstypen etwa 6 % aller privaten Haushalte in der Bundesrepublik. Einkommens- und Verbrauchsstichproben werden in Abständen von 3 bis 5 Jahren durchgeführt. Dabei werden Haushalte aller Größen, sozialen Schichten und Einkommensgruppen erfaßt, insgesamt bis zu 0,3 % aller privaten Haushalte[16]. Die Teilnahme an der Erhebung ist freiwillig (wie übrigens auch bei den laufenden Wirtschaftsrechnungen). Die Haushalte werden durch persönliche Anschreiben geworben; die Werbung wird nach dem jeweils neuesten Mikrozensus gesteuert.

Sowohl in den laufenden Wirtschaftsrechnungen wie in den Einkommens- und Verbrauchsstichproben werden die erforderlichen Angaben durch Anschreiben in Haushaltsbüchern und Taschengeldheften ermittelt. Daraus folgen bereits unvermeidbare Ungenauigkeiten bei der Erfassung der Daten in den Haushalten[17]. So werden etwa Ausgaben, die nicht von der haushaltführenden Person getätigt werden, häufig vergessen. Die gleiche Gefahr droht bei Aufwendungen, die durch Abbuchung vom Konto erbracht werden. Ausgaben für Genußmittel sind aus verschiedenen Gründen generell untererfaßt. Grundsätzliche Schwierigkeiten ergeben sich aus dem Umstand, daß Kauf und „Verbrauch“ einer Ware zeitlich mehr oder weniger auseinanderfallen. Da nur die Ausgaben in einer bestimmten Zeitperiode erfaßt werden, können Vorratskäufe und Anschaffungen langlebiger Gebrauchsgüter das Konsumbild erheblich verzerren[18].

Alle diese Ungenauigkeiten sind jedoch vergleichsweise gering angesichts des kaum lösbaren Hauptproblems dieser Methode: Es besteht darin, die Gesamtkosten eines Haushalts den einzelnen Haushaltsmitgliedern zuzuordnen. Nur wenige Waren sind von vornherein für eine bestimmte Person bestimmt (Babynahrung. Schulbedarf, Kleidung u. ä.); bei den meisten Gütern (so Wohnung, Heizung, Ernährung usw.) läßt sich nur statistisch-rechnerisch der Unterhaltsbedarf einer einzelnen Person — insbesondere eines Kindes — bestimmen. Die schlichte Pro-Kopf-Rechnung, d. h. die Division der Gesamtausgaben durch die Zahl

---

15 Haushaltstyp 1: 2-Personen-Haushalte von Renten- und Sozialhilfeempfängern mit geringem Einkommen, überwiegend ältere Ehepaare in Gemeinden von 5000 und mehr Einwohnern; Haushaltstyp 2: 4-Personen-Arbeitnehmer-Haushalte mit mittlerem Einkommen in Gemeinden mit 20 000 und mehr Einwohnern; Haushaltstyp 3: 4-Personen-Haushalte von Beamten und Angestellten mit höherem Einkommen.

16 Das entsprach 1983 etwa 48 000 Haushalten.

17 Dazu *Leitner* NDV 82, 154 (157).

18 *Leitner* aaO.

der Haushaltsmitglieder, ist untauglich, weil Kinder und Erwachsene in ganz unterschiedlichem Maße an den Gesamtkosten teilhaben. Raffinierter wirkt dagegen die Idee der Differenzrechnung[19]: Hier werden die Ausgaben von Ehepaaren in gleichen Einkommensverhältnissen mit und ohne Kind verglichen; die Differenz soll die Aufwendungen für den Lebensunterhalt des Kindes ausmachen. Diese Rechnung ist bei genauerer Betrachtung logisch nicht haltbar[20]. Sie beruht nämlich auf der falschen Prämisse, daß finanzielle Einschränkungen, die ein Haushalt vornehmen muß, wenn Kinder zu versorgen sind, allein zu Lasten der Kinder gingen (oder zu Lasten des vorherigen Sparverhaltens). In Wirklichkeit ändern die Eltern ihre Verbrauchsgewohnheiten und schränken ihren Konsum zu Gunsten der Kinder ein. Diese Verschiebung der Anteile an den Gesamtkosten drückt die statistische Differenz gerade nicht aus. Im übrigen wird die Unbrauchbarkeit durch konkrete Ergebnisse einer durchgeführten Differenzrechnung[21] belegt: Die Unterschiede in den Verbrauchsausgaben von kinderlosen Familien und Familien mit einem Kind schwankten je nach Einkommensgruppe zwischen 11 und 76 DM. Daß damit nicht der Lebensunterhalt eines Kindes bestritten werden kann, steht außer Frage.

Ein anderes Verfahren zur Aufgliederung der Kosten ist die sog. Verbrauchseinheitenrechnung. Sie beruht auf der Annahme, daß der Anteil eines Haushaltsmitglieds am Verbrauch von Waren und Dienstleistungen von persönlichen Merkmalen (Alter, Geschlecht, ausgeübte Tätigkeit) abhängt und sich in einem konstanten Faktor ausdrücken läßt. Man rechnet z. B. 1,0 Verbrauchseinheiten (VE) für den Ehemann, 0,8 VE für die Ehefrau und 0,5 VE für ein Kind. Solche Verhältniszahlen sind ursprünglich für den Ernährungsanteil entwickelt worden und beruhten schlicht auf dem Kalorienbedarf, der in der Tat von den genannten Merkmalen beeinflußt ist. Die Zugrundelegung eines konstanten Anteils jedes Familienmitglieds am Gesamtverbrauch ist dann auf andere Bedarfsgruppen ausgedehnt worden; die VE-Werte selbst sind vielfach modifiziert worden. Diese Methode ist also lediglich ein Verteilungsschlüssel. Genau wie bei den Unterhaltsverteilungsschlüsseln leidet sie unter einer schablonenhaften Schematisierung. Der konstante VE-Wert wird zur Aufteilung von Hunderten von Waren benutzt, ohne die faktisch bestehenden Unterschiede zu berücksichtigen. Gleichwohl werden die heute maßgeblichen Untersuchungen zum Unterhaltsbedarf mit der VE-Methode durchgeführt, allerdings in einer vom Statistischen Bundesamt entwickelten modifizierten Form: Dabei werden Ausgaben, die

[19] Befürwortet von *Mutschler* FamRZ 72, 345 (347 f.); gegen ihn *Euler* FamRZ 72, 623.

[20] *Euler* WiSta 74, 320 (321).

[21] Mitgeteilt von *Euler* aaO.

sich eindeutig einer bestimmten Person zuordnen lassen, vom VE-Verfahren ausgeklammert. Diese persönlichen Aufwendungen bilden gleichsam die Basis, der die Anteile an den Gemeinkosten nach alternativen Ansätzen hinzugerechnet werden. Wegen Einzelheiten kann hier nur auf die entsprechende Spezialliteratur verwiesen werden[22]. Solche Verbesserungen können nicht darüber hinwegtäuschen, daß auch die VE-Methode keinen wissenschaftlich abgesicherten Weg bietet, die Einzelausgaben aus den Gesamtaufwendungen herauszufiltern[23]. Sie arbeitet mit vermuteten Näherungswerten und groben Pauschalierungen und wird damit dem Erfordernis einer exakten, empirisch nachprüfbaren Ermittlung ebensowenig gerecht wie die anderen dargestellten Methoden.

c) Folgerungen

Es gilt somit festzustellen, daß ein taugliches Verfahren zur Erlangung wissenschaftlich korrekter, für Zwecke der Unterhaltsbemessung verwertbarer Daten nicht existiert[24]. Die beschriebenen Methoden vermögen bestenfalls gewisse Größenvorstellungen von den Unterhaltskosten eines Kindes zu geben; brauchbare Ergebnisse zum Bedarf einer erwachsenen Person lassen sich noch schlechter erzielen. Natürlich haben auch ungefähre Daten oder beispielsweise Minimal-/Maximalkostenaufstellungen einen gewissen Aussagewert, auf dessen Nutzen noch näher einzugehen sein wird. Aus den vorliegenden Untersuchungen ergibt sich auch folgender bedeutsamer Umstand: Die Differenzen zwischen den mit unterschiedlichen Verfahren errechneten Durchschnittswerten sind wesentlich geringer als die zwischen den — mit ein und demselben Verfahren ermittelten — Beträgen in Abhängigkeit unterschiedlicher sozialer Merkmale[25]. Diese Feststellung legt den zunächst trivial erscheinenden Schluß nahe, daß die Höhe der Ausgaben wesentlich davon abhängt, was ausgegeben werden *kann*. Daraus folgt in rechtlicher Hinsicht die Notwendigkeit, dem Merkmal der Lebensstellung, also der finanziellen Leistungsfähigkeit mehr Gewicht zu verleihen. Die Fixierung auf feste Beträge, auf Rechenergebnisse, die die Wirklichkeit angemessen wiedergeben, muß jedenfalls als Suche nach einem Kunstprodukt bezeichnet werden[26].

---

22 Nachweise bei *Euler* aaO S. 322.

23 *Euler* aaO S. 324; skeptisch auch *Leitner* NDV 82, 154 (159).

24 Ebenso: *Euler* aaO; *Strempel* ZRP 84, 195 (197).

25 Vgl. *Leitner* aaO.

26 Gleichwohl hat das Bundesministerium der Justiz zusammen mit dem Bundesministerium für Jugend, Familie und Gesundheit dem Institut für Sozialforschung und Gesellschaftspolitik e. V. Köln und der Universität Gießen einen Forschungsauftrag zur Analyse der Aufwendungen für den Lebensunterhalt von Kindern erteilt (Mitteilung in ZRP 84, 197). Es wird sich zeigen, ob diese Untersuchung zu neuen Erkenntnissen kommt.

3. Höhe der Bedarfsbeträge in der Düsseldorfer Tabelle

Spätestens bei dem zuletzt gefällten Urteil stellt sich die Frage, welchen Standpunkt die heute praktizierte Düsseldorfer Tabelle zur abstrakten Bedarfsermittlung einnimmt. Es ist nämlich aufschlußreich, ob die Bedarfsbeträge auf statistischen Erhebungen oder Warenkorbberechnungen beruhen (falls ja: auf welchen?) und ob die methodischen Unzulänglichkeiten berücksichtigt oder ignoriert werden.

Da die Tabelle für den Kindesunterhalt an die Regelunterhaltsbeträge anknüpft, ist zuerst deren Grundlage festzustellen. Beim Erlaß der Regelunterhaltverordnung im Jahre 1970 griff der Verordnungsgeber zwar auf Warenkörbe und Verbrauchsstatistiken zurück, machte diese jedoch wegen der methodischen Mängel ausdrücklich nicht zur alleinigen Grundlage der Bedarfsbeträge[27]; vielmehr entschied er sich für eine „politische" Lösung, indem er aus dem seinerzeit vorliegenden Datenmaterial unter weitgehender Berücksichtigung der bestehenden Praxis kompromißartige Mittelwerte bildete. Die so entstandenen Regelbedarfssätze wurden — in gewisser Hinsicht konsequent — bei den nachfolgenden Erhöhungen keineswegs anhand neuerer Untersuchungen auf ihre Richtigkeit überprüft, sondern einfach prozentual fortgeschrieben[28]. Dabei richtete sich der jeweilige Erhöhungssatz nicht nur nach der Verteuerung der Lebenshaltungskosten, sondern im gleichen Maße nach der Steigerung der Nettolöhne[29]. Somit muß man konstatieren, daß die Bedarfszahlen der Regelunterhaltverordnung weder ursprünglich noch nachträglich auf empirische Bedarfsuntersuchungen gestützt worden sind.

Die Beträge in den höheren Einkommensgruppen der Düsseldorfer Tabelle stützen sich insofern auf die Bedarfswerte der Regelunterhaltverordnung, als sie durch prozentuale Zuschläge zum Regelbedarf (= Gruppe 1 der Tabelle) zustande kommen. Die Höhe des Prozentsatzes bestimmen allerdings die Schöpfer der Düsseldorfer Tabelle, so daß von einer Anlehnung an die gesetzlichen Vorgaben eigentlich keine Rede sein kann; vollends abwegig ist die Behauptung, diese Anbindung biete „im hohen Maße Gewähr für eine zuverlässige Bedarfsermittlung"[30]. Der Prozentsatz, um den in höheren Einkommensgruppen die Beträge steigen, wurde bei den letzten Neufassungen der Tabelle häufig geändert; dadurch ist die Erhöhung der Regelbedarfssätze nicht in allen Einkommensgruppen gleichmäßig nachvollzogen. 1980 hat man die beiden

---

27 Siehe oben 1. Teil II. 3. b).

28 Vgl. BR-Drucks 240/81.

29 Vgl. etwa Begründung zur RegelbedarfVO 1979, BR-Drucks 401/79.

30 MünchKomm / *Köhler* § 1610, Rdn 33.

höchsten Gruppen überproportional erhöht, 1982 die unteren Gruppen unterproportional, 1985 die mittleren Gruppen überproportional. Eine Begründung für derartige Schwankungen wird von den Urhebern der Tabelle nicht mitgeteilt[31]. Offensichtlich orientiert man sich an der Leistungsfähigkeit des Verpflichteten, denn starke Steigerungen sind gerade in den höheren Einkommensgruppen zu verzeichnen: Der Lebensbedarf eines Kindes der ersten Altersstufe (0 bis 6 Jahre) stieg von 1979 bis 1985 in der Einkommensgruppe 2 um 33 %, in der Gruppe 7 bzw. 8 jedoch um 45% . So unterschiedlich kann ein „objektiver" Bedarf nicht gestiegen sein.

Vergleicht man die ausgewiesenen Beträge in ihrer ungefähren Größenordnung mit Zahlen, die durch Warenkorb- oder Verbrauchsrechnungen ermittelt wurden, so verstärkt sich der bisher schon gewonnene Eindruck, daß die Düsseldorfer Tabelle gar nicht den Anspruch einer realistischen Bedarfstabelle erhebt. Der Deutsche Familienverband hat für das Jahr 1980 mittels der Warenkorbmethode den Mindestbedarf eines Kindes (Durchschnitt 1.—18. Lebensjahr) mit rd. 440 DM, den Normalbedarf mit rd. 590 DM beziffert[32]. Zahlen des Bundesministers für Jugend, Familie und Gesundheit[33], die auf Verbrauchsrechnungen von 1973 beruhen, ergeben — auf das Jahr 1980 nach dem Preisindex fortgeschrieben — einen Durchschnittsbedarf von 600 DM. Der Unterschied zur Düsseldorfer Tabelle ist erheblich: Diese gelangt in der 1980 geltenden Fassung[34] erst in der obersten Einkommensgruppe zu Beträgen dieser Größenordnung. Das OLG Frankfurt/Main stellt daher zu Recht im Leitsatz einer Entscheidung fest[35]:

> Die sog. Düsseldorfer Tabelle ermittelt nicht den objektiven Lebensbedarf eines minderjährigen Kindes; sie orientiert sich vielmehr in erster Linie an der Leistungs(un)fähigkeit des barunterhaltspflichtigen Elternteils. Der objektive Bedarf eines Minderjährigen liegt [...] über den Höchstsätzen der Düsseldorfer Tabelle.

Unergiebig wäre es, angesichts solcher Diskrepanzen in die Klagen über unzureichende Bedarfssätze[36] einzustimmen; es führt nicht weiter, über die absolute Höhe der Bedarfsbeträge zu streiten und detaillierte Kostenrechnungen und Gegenrechnungen aufzumachen. Das Problem ist vielmehr grundsätzlicher Natur. Es geht um die Frage, ob eine Tabelle mit realistischen (hohen) Bedarfsbeträgen sachgerechter ist als eine mit

---

31 Vgl. etwa *Hampel* FamRZ 80, 21 oder FamRZ 81, 1209.

32 DAVorm 83, 699.

33 Mitgeteilt bei *Leitner* NDV 82, 154.

34 FamRZ 80, 19.

35 FamRZ 81, 1100 (1101), LS 3.

36 Einhellige Kritik etwa in den Beiträgen zur DIV-Arbeitstagung 1982, siehe ZBlJR 82, S. 571 (*Christian*), 583 (*Huvalé*), 600 (*Jäger*), 609 f. (*Puls*).

niedrigen, an beschränkter Leistungsfähigkeit ausgerichteten Beträgen. Beide Lösungen haben Vor- und Nachteile, die weniger tatsächlicher, sondern durchaus rechtlicher Natur sind.

Wenn man den Bedarf des Berechtigten hoch ansetzt, um den Idealvorstellungen von angemessener Bedarfsdeckung nahe zu kommen, wird der Konflikt mit der beschränkten Leistungsfähigkeit des Verpflichteten schneller akut: Entweder wird — bei realistischem Selbstbehalt — regelmäßig eine Kürzungsrechnung zur Mangelverteilung erforderlich, oder es werden — bei gering bemessenem Selbstbehalt — die Beitreibungsmöglichkeiten unrealistisch. Daß diese Gefahr nicht nur theoretisch besteht, sondern tägliches Brot der Praxis ist, kann jeder Richter oder Vormund bestätigen. Hohe Beträge bedeuten somit eine Vernachlässigung der praktischen Gegebenheiten.

Andererseits sprechen einige gewichtige Argumente für eine höhere Bedarfsfestlegung: Nur wenn der volle, angemessene Bedarf bekannt ist, kann man bedarfsmindernde eigene Einkünfte des Berechtigten korrekt in Abzug bringen[37]. Durch die Anrechnung (etwa von Lehrgeld) auf den Unterhalt wird der Verpflichtete ohnehin schon entlastet, so daß es eine doppelte Bevorzugung des Verpflichteten bedeuten würde, wenn die Anrechnung auf einen niedrigen Ausgangsbetrag erfolgt, der schon unter Berücksichtigung seiner beschränkten Leistungsfähigkeit festgesetzt worden ist.

Ein anderes kommt hinzu: Die Ausrichtung der Bedarfsfestsetzung an der finanziellen Potenz des Verpflichteten geht unausgesprochen davon aus, daß nur *ein* Verpflichteter zur Verfügung steht. Das ist ja auch der Regelfall, wenn etwa in der engeren Unterhaltsfamilie der Vater Barunterhalt und die Mutter den Kindern Betreuungsunterhalt schuldet. Gänzlich vernachlässigt wird die Möglichkeit, daß ein nachrangig haftender Verwandter vorhanden ist, der leistungsfähig genug ist, den vollen Bedarf eines Kindes zu befriedigen. Durch niedrige Tabellensätze, die nur auf die finanzielle Situation der Kernfamilie zugeschnitten sind, bleibt die Chance, in Ausnahmefällen wirkliche Bedarfsdeckung zu erreichen, ungenutzt.

Zu niedrig bemessener Kindesunterhalt belastet im Ergebnis häufig den sorgeberechtigten, nicht barunterhaltspflichtigen Elternteil: Dieser kann sich einem Kind gegenüber nicht auf niedrige Tabellenwerte berufen, sondern muß gezwungenermaßen — ob er kann oder nicht — den Lebensunterhalt des Kindes bestreiten[38]. Diese Situation führt dazu, daß der eigene notwendige Unterhalt des Sorgeberechtigten angegriffen

---

[37] So zu recht *Christian* ZBlJR 82, 559 (567).

[38] Darauf weisen hin: *Puls* ZBlJR 82, 603 (610); *Christian* ZBlJR 82, 559 (571); *Weychardt* DAVorm 84, 81 (85).

wird und in der Tat „das Letzte mit den Kindern geteilt“[39] werden muß, während der Barunterhaltspflichtige seinen Selbstbehalt voll für sich verwenden kann.

Gegen diese Argumente stehen folgende Nachteile, die eine Tabelle mit hohen Bedarfsbeträgen mit sich brächte:

Zum einen wäre die Ermittlung angemessener Bedarfszahlen wegen der beschriebenen unzureichenden empirischen Methoden überaus schwierig. Jedes Ergebnis wäre unter Hinweis auf die statistischen Unzulänglichkeiten ständiger Kritik ausgesetzt. Solange eine Tabelle gekürzte, leistungsfähigkeitsorientierte Beträge verwendet, fällt die schwache wissenschaftliche Absicherung kaum ins Gewicht; ist jedoch erstmals der Anspruch erhoben, realistische, bedarfsdeckende Beträge ausweisen zu wollen, wird das fehlende Datenmaterial unweigerlich ein Legitimationsdefizit verursachen. Die wissenschaftliche Diskussion über Unterhaltstabellen könnte dann leicht in ein Feilschen um jede Windel im Warenkorb ausarten.

Weiterhin darf nicht aus den Augen gelassen werden, daß jedes schematische Bemessungssystem ohnehin nur für den Regelfall gedacht ist. Regelfälle sind jedoch die Mangelfälle, nicht diejenigen finanzieller Prosperität[40]. Bei überdurchschnittlichem Einkommen besteht immer die Möglichkeit, im Wege individueller Festsetzung höheren, einen Idealbedarf deckenden Unterhalt zuzusprechen. Regelmäßig jedoch reichen die Mittel, auch bei durchschnittlichem Einkommen, nicht aus, solche idealiter errechneten Bedürfnisse zu befriedigen. Deshalb geht der richtige Weg dahin, die finanzielle Leistungskraft des Verpflichteten schon bei der Bedarfsfestlegung in der Tabelle zu berücksichtigen, um eine größere Kongruenz mit der Lebenswirklichkeit zu erreichen[41]. Der Sinn einer Tabelle als Hilfsmittel zur Unterhaltsfestlegung liegt auch darin, das Ergebnis im Regelfall direkt ablesen zu können. Wenn hingegen erst eine Kürzungsrechnung nötig ist, ist der Vereinfachungseffekt teilweise wieder vereitelt. Daraus spricht nicht etwa Mißtrauen gegen die mathe-

---

[39] So die früher gängige Interpretation des § 1603 II 1; heute noch bei MünchKomm / *Köhler* § 1603, Rdn 20.

[40] Vgl. *Willutzki* in einem Spiegel-Gespräch (Der Spiegel Nr. 3/84, S. 63): „Wir Familienrichter haben es ... fast ausschließlich mit der Verteilung von Mangel zu tun ... Die meisten dieser Paare sind finanziell arm dran. [...] Wenn der Mann 1200 Mark behält, ist das schon eine seltene Ausnahme.“ Zur Häufigkeit der Mangelfälle auch *Müller-Freienfels* S. 333 und *Hübner* S. 50 (mit statistischen Belegen).

[41] In diesem Sinne *Christian* ZBlJR 82, 559 (566) und — dort wesentlich pointierter — in ihren Diskussionsbeiträgen auf der DIV-Arbeitstagung 1982 in Wetzlar (Protokolle bisher unveröffentlicht).
Nachdrücklich gegenteiliger Ansicht ist *Puls* ZBlJR 82, 603 (605, 612), die die dogmatische Trennung von Bedarf und Leistungsfähigkeit für praktisch durchführbar hält.

matischen Fähigkeiten der Richterschaft, obwohl man Fragen der praktischen Handhabbarkeit wirklich nicht gering schätzen sollte. Viel ausschlaggebender ist die Normativität, die von hohen Tabellenbeträgen ausgeht. Überhöhte Einsatzbeträge würden ein Anspruchsdenken wekken, das realistischerweise kaum je erfüllt werden könnte. Bei dem Unterhaltsberechtigten — vielleicht sogar beim Verpflichteten — würde ein Gefühl der Unzufriedenheit provoziert, wenn die Bedarfssätze regelmäßig weit unterschritten würden. Ein Verpflichteter, der nach der Lebensstelung angemessenen Unterhalt bis zur Grenze seiner Leistungsfähigkeit zahlt, müßte sich gleichwohl vorhalten lassen, daß er nicht den vollen Tabellenunterhalt aufzubringen in der Lage ist. Da wäre ein unerquickliches Hantieren mit theoretischen Werten. Natürlich sind auch bei niedrigen, leistungsfähigkeitsorientierten Bedarfsbeträgen immer wieder Kürzungen in Mangelfällen erforderlich; das ist unvermeidlich. Vermeidbar ist es aber, diese Fälle zu vervielfachen.

Bei einem System der hier befürworteten und gegenwärtig praktizierten Art besteht freilich die Gefahr, daß bei *gesteigerter* Leistungsfähigkeit der Berechtigte nicht in angemessenem Umfang am Lebensstandard des Verpflichteten partizipiert. Dieser Gefahr kann man jedoch anders und besser als durch eine generelle Anhebung der Beträge begegnen: Ungewöhnliche Leistungsfähigkeit beruht nämlich entweder auf besonders hohem Einkommen oder auf besonders wenig unterhaltsberechtigten Personen. Daher wäre die eine denkbare Lösung, mit höherem Einkommen den Bedarf überproportional steigen zu lassen; das ließe allerdings diejenigen Fälle unbefriedigt geregelt, in denen hohes Einkommen auf viele Berechtigte zu verteilen ist. Sinnvoller erscheint die andere Lösung, die Bedarfssätze stärker als bisher nach der Anzahl der Berechtigten zu staffeln. In der geltenden Düsseldorfer Tabelle geschieht dies durch Höhergruppierung in die folgende Einkommensgruppe, wenn weniger als drei Berechtigte vorhanden sind[42]. Das ist vom Ansatz her ein möglicher Weg, um niedrige Bedarfsbeträge für den Fall weniger Berechtigter zu korrigieren. Freilich kann man darüber streiten, ob der Zuschlag durch Aufstieg in eine höhere Gruppe ausreichend ist. Zweifel bestehen vor allem dann, wenn nur *ein* Kind unterhaltsberechtigt ist; in diesem Fall sieht die Düsseldorfer Tabelle eine Höhergruppierung um zwei Einkommensgruppen vor[43], doch einige Gerichte lehnen diese Korrektur ab und beschränken mögliche Zuschläge durch die nächsthöhere Gruppe[44]. Insgesamt ist die tabellensystematische Um-

---

42 Anmerkung 1 zur Düsseldorfer Tabelle.

43 Vgl. Anm. 1 („Die Regelbegrenzung gilt nicht...") und ausdrücklich OLG Düsseldorf DAVorm 84, 486.

44 Etwa OLG Frankfurt FamRZ 82, 240 (241); FamRZ 84, 1073; KG Berlin NJW 84, 278.

setzung der Interdependenz zwischen dem Bedarf und der Anzahl der Berechtigten keineswegs befriedigend gelöst[45]; das wird unten im Kapitel „Konkurrenzen" noch näher ausgeführt. An dieser Stelle soll nur auf die Folgen einer viel zu statischen Bedarfsvorstellung aufmerksam gemacht werden. Das führt etwa dazu, daß der Sinn einer Umgruppierung einem Laien in dieser Form nicht verständlich zu machen ist, worauf Praktiker häufig hinweisen[46]. Solange eine Tabelle einen objektiven Bedarfsbegriff suggeriert, ist es in der Tat schwer zu begreifen, wieso dieser so stark von der Anzahl der Berechtigten beeinflußt sein soll. Nur wenn man Bedarf als Kehrseite der finanziellen Leistungskraft versteht, wird klar, daß die Zahl der an der Verteilungsmasse partizipierenden Personen der maßgebliche Faktor für die Höhe des auf den einzelnen entfallenden Betrages ist.

Eine Lösung der beschriebenen Probleme liegt in einer Neuorientierung. Quintessenz aller vorangegangenen Betrachtungen ist die Forderung nach stärkerer, konsequenter Berücksichtigung der Lebensstellung, um den Bedarf flexibler von der Einkommenshöhe und der Anzahl der Berechtigten abhängig zu machen. Das bedeutet eine Rückkehr zum Prinzip des Quotenunterhalts, freilich nicht in Form des Zwickauer Schlüssels, sondern in Gestalt eines sinnvollen Systems der Überschußverteilung. Man sollte feste Bedarfsbeträge nur für den Mindestbedarf jedes Berechtigten und Verpflichteten angeben; dieser Grundbetrag ist vorab zu erfüllen oder dient in Mangelfällen als Einsatzbetrag für eine verhältnismäßige Herabsetzung. Damit ist der Anbindung an einen „objektiven" Lebensbedarf Genüge getan. Höherer Bedarf ist in vollem Umfang leistungsfähigkeitsabhängig, d. h. nach Befriedigung des Mindestbedarfs verbleibendes Einkommen ist quotal auf die Mitglieder der Unterhaltsgemeinschaft (einschließlich des Verpflichteten) zu verteilen. Dieses Konzept soll hier noch nicht vertieft werden. Die Problematik kehrt in anderem Zusammenhang wieder und wird dann erneut aufgegriffen[47].

II. Ehegattenunterhalt und Quotenverfahren

1. Einführung[1]

Der Unterhaltsanspruch getrennt lebender oder geschiedener Ehegatten wird von der ganz herrschenden Praxis nach einer Quote bemessen[2].

[45] Ebenso: *Spangenberg* DAVorm 80, 769 (786); *Christian* ZBlJR 82, 559 (566 ff.); *Puls* DFGT-Referat, S. 128; *Hübner* S. 35 ff.

[46] Mitteilung von *Huvalé* auf der DIV-Arbeitstagung 1982.

[47] Unten sub IV. 1. b) a. E.

[1] Die folgenden Ausführungen betreffen nur den Elementarunterhalt,

Das Einkommen, das die ehelichen Lebensverhältnisse geprägt hat, wird nach bestimmten Anteilen auf die Ehegatten verteilt; der bedürftige, nichterwerbstätige Ehegatte erhält 2/5 oder 3/7, u. U. auch die Hälfte des verfügbaren Einkommens[3]. Damit wird die eheliche Unterhaltssituation über den Zeitpunkt der Trennung oder Scheidung hinaus in die Zukunft fortgeschrieben. In der Quotelung sieht man neben der schlichten Verteilung von Einkommen gleichzeitig die geeignete Methode zur Bestimmung des Lebensbedarfs: Da während der Ehe das verfügbare Einkommen in der Regel voll zur Unterhaltsbedarfsdeckung diene, entspreche eine analoge nacheheliche Aufteilung genau dem nach den ehelichen Lebensverhältnissen angemessenen Bedarf des Berechtigten[4].

2. Verteilungsmaßstab

Ein vieldiskutiertes Problem dieser Praxis bilden die unterschiedlichen Quoten, die auf der Annahme eines unterschiedlich hohen Bedarfs der Ehegatten beruhen. Zwar partizipieren nach heutigem Eheverständnis beide Gatten gleichmäßig am ehelichen Lebensstandard, so daß grundsätzlich jedem die Hälfte des verfügbaren Einkommens zustehen müßte[5]. Dennoch erhält der erwerbstätige Ehegatte einen Bonus, der vor nicht allzu langer Zeit noch 1/3 betrug[6], heute 1/5 oder 1/7. Die Diskussion über die Berechtigung eines solchen Zuschlags war lange Zeit mit geschlechtsspezifischen Argumenten befrachtet, weil meistens der Mann der Unterhaltspflichtige war (und heutzutage noch ist). So wurde argumentiert, daß ein Mann verstärkt fremde Hilfestellung für Wäsche und Kleidung in Anspruch nehmen müsse[7], eine Frau dagegen sich im Alltag leichter selbst helfen könne[8]. Im Zeitalter hitziger Gleichberechtigungsforderungen provozieren solche Argumente den Vorwurf patriarchalischer Rückständigkeit[9]. Deshalb bevorzugt man heute die „geschlechtsneutrale" Begründung, daß der Verpflichtete den Mehrbetrag

---

nicht den Vorsorgeunterhalt gem. § 1578 III. Was dessen Bemessung und den Zusammenhang mit der Berechnung des Elementarunterhalts angeht, muß auf *Gröning* FamRZ 84, 736 (739 ff.) verwiesen werden.

2 Anders lediglich die Nürnberger Tabelle; vgl. 1. Teil, III. 1. a. E.

3 Die 2/5-Quote praktizieren die OLGe Bremen (FamRZ 85, 28), Celle (NJW 84, 282), Frankfurt/M. (FamRZ 84, 1073) mit Ausnahme des Kasseler Senats, Karlsruhe—Freiburger Senate — (NJW 84, 278) und Koblenz (NJW 84, 283). OLG Stuttgart gewährt die Hälfte (Nw. in Fußn. 16). Alle übrigen OLGe haben die 3/7-Quote der Düsseldorfer Tabelle übernommen.

4 So sinngemäß BGH FamRZ 84, 356; *Holzhauer* S. 128; *Hübner* S. 39.

5 Das hat der BGH mehrfach betont, BGH FamRZ 79, 692 (694); 81, 442 (444); 82, 579 (581); 82, 894 (895); 83, 678.

6 Bis in die 70er Jahre, vgl. oben 1. Teil II. 2. b) und *K/H-B/B*, 1. Aufl., Rdn 44.

7 BSG FamRZ 72, 634; ähnlich Erman / *Ronke* § 1578, Rdn 5 b.

8 KG (15.ZS) NJW 78, 275.

9 *Gernhuber*, Lehrbuch § 21 II 7.

zur Erhaltung seiner Arbeitskraft, zum Ausgleich des Mehraufwands und als Anreiz zur Erwerbstätigkeit benötige[10]. Diese Interpretation wird zwar heftig angegriffen[11], liegt aber gleichwohl allen Unterhaltsleitlinien zugrunde und hat in konsequenter Anwendung dahin geführt, daß ein nicht erwerbstätiger Verpflichteter (Rentner) folglich auf den Bonus verzichten muß[12].

Ein Blick auf die Entwicklung des Quotenunterhalts beweist indes, daß es mit dieser Begründung nicht seine Richtigkeit haben kann. Das althergebrachte Drittelungsprinzip gewährte dem Mann solange ein volles Drittel mehr als der Frau, bis die Gleichberechtigungsidee einen langsamen Rückzug auf akzeptablere Werte erzwang. Das heutige Siebentel ist nur der standhaft verteidigte Rest des damaligen Drittels und teilt somit dessen irrationale Herkunft. Die Rechtfertigung als arbeitsbedingter Mehrbedarf ist nachträglich untergeschoben; wäre es anders, müßte man der Erwerbstätigkeit einen gewaltigen Bewertungsverlust attestieren[13]. Auch mit der nachgeschobenen Begründung überzeugt diese Quotenpraxis keineswegs. Selbstverständlich müssen dem Unterhaltsverpflichteten die zur Erhaltung der Arbeitskraft notwendigen Mittel belassen werden, denn die Arbeitskraft ist Quelle seiner finanziellen Leistungsfähigkeit. Diese Funktion übernimmt aber bereits der Selbstbehalt, der so ausreichend bemessen ist, daß dem Unterhaltsverpflichteten die Erhaltung seiner Arbeitskraft möglich ist. Zuzubilligen ist weiterhin, daß durch die Ausübung einer Berufstätigkeit ein erhöhter Bedarf entstehen kann, der sich aus Fahrtkosten, Arbeitskleidung, Verpflegungsmehraufwand etc. zusammensetzt. Darüber hinaus entsteht Aufwand, der sich nicht unter den steuerlichen Werbungskostenbegriff fassen läßt, etwa die allgemein verteuerte Lebenshaltung dadurch, daß in der knapperen Freizeit nicht so kostengünstig eingekauft werden kann. Auch solcher Mehrbedarf muß berücksichtigt werden. Ein dogmatisch sauberer und unproblematischer Ansatz wäre es, *alle* berufsbedingten Mehraufwendungen vorab vom anrechnungsfähigen Nettoeinkommen abzuziehen. Diese Möglichkeit sieht die Düssel-

---

10 BGH in std. Rspr seit BGH FamRZ 79, 692 (694); OLG Düsseldorf FamRZ 77, 203; OLG Frankfurt/Main FamRZ 78, 433 (434) unter Berufung auf 5. Mose 25,4: „Du sollst dem Ochsen, der da drischet, nicht das Maul verbinden"; OLG Hamm FamRZ 83, 1039 (1040); MünchKomm / *Wacke* § 1361, Rdn 10; Erman / *Heckelmann* § 1361, Rdn 9; Erman / *Ronke* § 1578, Rdn 5 b; *Hampel* FamRZ 80, 21 (23); *Köhler*, Handbuch Rdn 228 f.

11 OLG Stuttgart FamRZ 78, 249 (251 f.); Soergel / *Häberle* § 1578, Rdn 17; *Mutschler* FamRZ 77, 397 (398); *Gernhuber*, Lehrbuch, § 21 II 7; *Spangenberg* DAVorm 80, 769 (781); *Jäger* ZBlJR 82, 590 (597).

12 BGH FamRZ 82, 894 (895); ebenso Düsseldorfer Tabelle FamRZ 84, 961; Hammer Leitlinien FamRZ 84, 963; OLG Bremen FamRZ 85, 28 (29); OLG Hamburg FamRZ 84, 1197; OLG Frankfurt/Main FamRZ 84, 1073.

13 So aber tatsächlich OLG Hamm FamRZ 83, 1039 (1040).

dorfer Tabelle sogar vor[14], freilich nur hinsichtlich der engeren, klar abgrenzbaren Werbungskosten[15]. Es spricht nichts dagegen, hierbei großzügiger zu verfahren und ggf. zu pauschalieren, wie die Rechtsprechung des OLG Stuttgart seit langem verfährt[16]. Auf diese Weise könnte sämtlicher beruflich verursachter Mehrbedarf in einem Punkt des Berechnungsverfahrens gebündelt berücksichtigt werden. Dadurch wäre nicht nur die Transparenz der Berechnung erhöht, sondern auch der Weg für eine paritätische Teilung des anrechnungsfähigen Einkommens freigemacht. Eine weitergehende Bevorzugung des verdienenden Ehegatten, insbesondere zur Steigerung seiner Arbeitsmotivation, ist nicht mehr gerechtfertigt. Sie fände auch nirgends eine gesetzliche Stütze. Im übrigen ist die Argumentation unschlüssig: Die Arbeitsfreude hängt wohl kaum davon ab, ob der Erwerbstätige von einer zusätzlich verdienten Mark nur 50 statt 57 Pfennige für sich behalten darf — ein motivierender Mehrverdienst ist so oder so vorhanden.

3. Eignung des Quotenverfahrens zur Bedarfsbestimmung

Unabhängig vom gewählten Verteilungsmaßstab[17] stellt sich die grundsätzliche Frage, ob und inwieweit eine quotale Verteilung des ehelichen Einkommens überhaupt dem Gesetz entspricht und sachgerecht ist. Zweifel daran werden häufig geäußert, wenn auch manchmal nicht in ausreichend differenzierender Weise.

a) Grundsatz

Die weitestgehende Ablehnung des Quotenverfahrens findet man bei den Befürwortern eines tabellenmäßig berechneten Ehegattenunterhalts[18]. Sie stützen sich auf das Argument, daß der Unterhaltsanspruch sich nicht auf einen Anteil am Einkommen des Verpflichteten richtet, sondern auf den zur Deckung des Lebensbedarfs erforderlichen Geldbetrags[19]. So pauschal ist die Aussage zumindest unbrauchbar, wenn

[14] Anmerkung 3 zur Düss. Tabelle.

[15] Zur Unterscheidung *Hampel* FamRZ 80, 21 (22 f.).

[16] OLG Stuttgart FamRZ 78, 249 (252); 78, 693 (695); 81, 667 (668); 82, 354 (355); 83, 19 f.; 84, 1197; zustimmend: MünchKomm / *Richter* ErgBd. § 1578, Rdn 11; Soergel / *Häberle* § 1578, Rdn 16 f.; *Spangenberg* DAVorm 80, 769 (781).

[17] Im folgenden wird zwar von einer paritätischen Aufteilung ausgegangen, aber das Gesagte gilt gleichermaßen für eine 4 : 3- oder 3 : 2-Quotelung.

[18] Unterschiedliche Tabellen für Ehegattenunterhalt haben *Mager*, Nürnberger Tabelle, 1980, Neuaufl. 1982, *Ehlert* FamRZ 80, 1083, neugefaßt FamRZ 82, 131 und *Köhler*, Handbuch d. Unterhaltsrechts, 1963 und Neuauflagen, jeweils im Einband, entwickelt.

[19] So OLG Nürnberg FamRZ 81, 954; *Mager* aaO S. 1; *Ehlert* FamRZ 80, 1083; ebenso *Weychardt* DAVorm 79, 145 (157); *Christl* NJW 82, 961 (963); *Jäger* ZBlJR 82, 590 (596); ähnlich, aber nicht so pauschal *Köhler*, Handbuch, Rdn 226 a ff.

nicht gar falsch, weil sie die Relation zwischen Einkommen und Lebensbedarf nicht berücksichtigt. Da die Lebensstellung bzw. die ehelichen Lebensverhältnisse in aller Regel ausschließlich vom Einkommen bestimmt werden, andererseits das Maß des Unterhalts sich nach der Lebensstellung richtet, liegt die Notwendigkeit einer Verknüpfung von Einkommen und Unterhaltshöhe auf der Hand. Die Quotelung ist die einfachste Möglichkeit einer solchen Verknüpfung. Zudem wurde oben[20] bereits nachgewiesen, daß sogar ein weitgehend objektivierter Bedarfsansatz maßgebend von den verfügbaren Konsummitteln determiniert wird. Deshalb sind die pauschalen Vorwürfe gegen das Quotenverfahren als solches unbegründet.

b) Ausnahmen für besondere Unterhaltssituationen

Man muß allerdings die Frage aufwerfen, ob die schlichte Einkommensaufteilung allen denkbaren Unterhaltskonstellationen gerecht wird. Zweifel an der Tauglichkeit der Quotelung bestehen insbesondere dann, wenn

— eine notwendige Anrechnung bedarfsmindernder Einkünfte die Feststellung des „vollen Unterhalts" erforderlich macht; fraglich ist dann, ob dieser identisch mit der Quote oder zumindest mit Hilfe einer Quote zu ermitteln ist (aa).

— das zu verteilende Einkommen so niedrig ist, daß die Quote nicht das Existenzminimum deckt (bb).

— das zu verteilende Einkommen so hoch ist, daß die Quote das zur Bedarfsdeckung Erforderliche übersteigt (cc).

aa) Quotelung zur Bestimmung des „vollen Unterhalts"

In einer intakten ehelichen Lebensgemeinschaft bildet das Einkommen — sofern es im vollen Umfang dem Konsum dient — den Maßstab für die Qualität der ehelichen Lebensverhältnisse. Insofern entspricht einem bestimmten Einkommen ein bestimmter Lebensstandard. Nach einer Trennung der Ehepartner verschiebt sich diese Relation zwangsläufig: Da zwei Personen zusammen in jeder Hinsicht kostengünstiger wirtschaften als jeweils für sich alleine, insbesondere die Wohnkosten (Miete, Heizung etc.) erheblich niedriger liegen, wird die Beibehaltung des bisherigen Lebensstandards notwendigerweise teurer. Umgekehrt ausgedrückt: Bei gleichbleibendem Einkommen sinkt der Lebensstandard wegen des kostenintensiveren Alleinlebens ab. Nach allgemeiner Ansicht[21] soll jedoch der nacheheliche Unterhalt den gleichen Lebens-

[20] 3. Teil, I. 2. c).

[21] Statt aller: BVerfG FamRZ 81, 745 (750).

standard wie während der Ehe gewährleisten; für den Trennungsunterhalt gilt das erst recht, weil die Ehe fortdauert. Das bedeutet, daß der unterhaltsberechtigte Ehegatte zur Beibehaltung des bisherigen Lebensniveaus *mehr* Geldmittel benötigt, als ihm zu Ehezeiten zur Verfügung standen. Diesen Mehrbetrag bezeichnet man im Anschluß an *Hampel*[22] als **trennungsbedingten Mehrbedarf.** Der volle Unterhalt des getrennten oder geschiedenen Ehegatten setzt sich also aus dem ehezeitlichen Bedarf plus dem trennungsbedingten Mehrbedarf zusammen[23].

Es liegt auf der Hand, daß voller Unterhalt nicht beansprucht werden kann, wenn der Verpflichtete seinen eigenen trennungsbedingten Mehrbedarf nicht decken kann. Das ist immer dann der Fall, wenn das zu verteilende Einkommen genauso hoch ist wie das Einkommen, das die ehelichen Lebensverhältnisse geprägt hat — mithin im Regelfall. Hier müssen sich beide Ehegatten gleichmäßig einschränken; der trennungsbedingte Mehrbedarf kann weder beim einen noch beim anderen gedeckt werden, sondern zwingt auf beiden Seiten zu einer gleichmäßigen Reduzierung des Lebensstandards Genau dieses Ergebnis wird mit einer quotalen Aufteilung erreicht. Die Quote halbiert nicht nur die Aktiva — das verfügbare Einkommen —, sondern genauso die Passiva, den nicht zu deckenden trennungsbedingten Mehrbedarf. Dieser beidseitig reduzierte Unterhalt ist allerdings nicht identisch mit dem sog. Billigkeitsunterhalt des § 1581, obwohl das häufig so gesehen wird[24]. Von Billigkeitsunterhalt spricht man erst, wenn der angemessene Selbstbehalt des Verpflichteten nach § 1581 angetastet wird; der Bereich des Billigkeitsunterhalts bestimmt sich also nach der Höhe des angemessenen Selbstbehalts. Wie später im Kapitel „Selbstbehalt" genauer begründet wird[25], ist nach hier vertretenem Verständnis der angemessene Selbstbehalt unabhängig von den ehelichen Lebensverhältnissen auf einen bestimmten Betrag fixiert. Daß der volle Unterhalt immer dann ungedeckt bleibt, wenn das ehezeitliche Einkommen nach der Trennung nicht steigt, hat demnach nichts mit der Überschreitung jener Opfergrenze zu tun, sondern folgt aus dem Prinzip der gleichmäßigen Teilhabe an den ehelichen Lebensverhältnissen.

---

[22] FamRZ 81, 851 (853).

[23] So außer *Hampel* bereits OLG Hamm, FamRZ 81, 460 (461) und AK 13 des 3. DFGT, mitgeteilt von *Griesche* FamRZ 81, 423 (850). Der BGH anerkennt trennungsbed. Mehrbedarf seit BGH FamRZ 82, 255 (257) in std. Rspr.: BGH FamRZ 82, 892 (894); 83, 146 (150); 83, 456 (458); 83, 678 (679); 83, 886 (887); 84, 358 (360). Ebenso *Schwab*, Tendenzen S. 29 und FamR, Rdn 327; *Holzhauer* S. 141; kritisch gegenüber trennungsbed. Mehrbedarf jedoch MünchKomm / *Richter* ErgBd. § 1578, Rdn 8.

[24] BGH FamRZ 84, 358 (360) unter Berufung auf *Hampel* FamRZ 81, 851; außerdem *Hampel* erneut in FamRZ 84, 621 (622, 633); *Schwab* Tendenzen, S. 29.

[25] III. 2. a).

Aus dem bisher Gesagten ergibt sich bereits, daß die Höhe des vollen Unterhalts nur von Belang ist, wenn nach der Trennung/Scheidung zusätzliche Mittel zur Verfügung stehen. In solchen Fällen stellt sich das Problem, wie der trennungsbedingte Mehrbedarf zu berechnen ist.

Hampel[26] hat vorgeschlagen, diesen besonderen Bedarfsposten ebenso zu pauschalieren wie anderen Bedarf auch; er befürwortet nach der Lebenserfahrung einen Ansatz von 30 % der Gesamtkosten (= 15 % bei jedem Ehegatten). Somit läge der volle Unterhalt bei 65 % des Eheeinkommens[27]. Der BGH lehnt jedoch diese schematische Berechnung ab[28]; er fordert vom Anspruchsteller eine konkrete Darlegung der erforderlichen Mehrkosten und eine tatrichterliche Würdigung der Einzelfallumstände. Dieser Rückfall in pauschalierungsfeindliche Zeiten ist unverständlich. Gegen eine konkrete Ermittlung sprechen nicht nur die bekannten und oben erörterten prozeßökonomischen und rechtsstaatlichen Argumente, sondern im besonderen die Eigenart des trennungsbedingten Mehrbedarfs: Er fällt in allen Lebensbereichen, die nicht höchstpersönlicher Natur sind, als notwendige Folge des unökonomischen Alleinwirtschaftens an und entzieht sich jeder konkreten Bezifferung. Mit der Feststellung der zusätzlichen Mietkosten ist es nicht getan; ein zweites Auto, eine zweite Tageszeitung etc. bilden ebenso trennungsbedingten Mehrbedarf wie etwa der Preisnachteil bei kleineren Lebensmittelpakkungen[29]. Unter diesen Umständen ist Schematismus der einzige Ausweg. Natürlich muß davon abgesehen werden, wenn der Einzelfall besonders gelagert ist, also beispielsweise Getrenntleben in der Ehewohnung praktiziert wird; bekanntlich schließt Pauschalierung eine konkrete Einzelfallwürdigung ja nicht aus. Nach hier vertretener Ansicht ist demnach das Quotenverfahren grundsätzlich auch zur Ermittlung des vollen Unterhalts heranzuziehen; dieser entspricht nur einer anderen Quote (65 %) als der reduzierte Unterhalt (50 %).

Der volle Unterhalt ist nur als Rechengröße anzusetzen, wenn nach der Trennung oder Scheidung erzieltes Einkommen, das die ehelichen Lebensverhältnisse nicht geprägt hat, anzurechnen ist (vgl. §§ 1573 II,

---

[26] FamRZ 81, 851 (853).

[27] Ebenso: OLG Hamm FamRZ 82, 70 (71); OLG Hamburg FamRZ 82, 925 (926); Leitlinien des OLG Celle (sub. III. 1.) NJW 84, 282 (283); *Holzhauer* S. 141; ebenfalls für Pauschalierung, aber mit anderen Werten: OLG Düsseldorf FamRZ 81, 772 (60 %); OLG Frankfurt/Main bei *Weychardt* DAVorm 84, 81 (252) (20 % Aufschlag).

[28] BGH FamRZ 82, 255 (257); 83, 146 (150); 83, 456 (458) und vor allem BGH FamRZ 83, 886 (887); weiterhin BGH FamRZ 84, 149 (151); 84, 151 (153).

[29] *Hampel* FamRZ 84, 621 (625) weist zu recht darauf hin, daß es unmöglich ist, effektive Mehrkosten nachzuweisen, wenn effektiv noch kein Geld zu ihrer Deckung vorhanden ist.

1577 II). Die Häufigkeit solcher Fälle und damit die Bedeutung des „vollen Unterhalts“ hängt allein von vorher getroffenen *rechtlichen* Entscheidungen ab, nämlich in der Frage, ob das zusätzliche Einkommenspotential bereits die ehelichen Lebensverhältnisse geprägt hat oder nicht. Bejaht man die Frage, kann halbiert werden, verneint man sie, muß angerechnet und folglich der volle Unterhalt bestimmt werden. In diesem Sinne bezeichnet *Weychardt*[30] das Problem des trennungsbedingten Mehrbedarfs als „hausgemacht“, was freilich ungenau ist, weil das Problem als solches tatsächlich existiert, nur über den Umfang der praktischen Relevanz „im Hause“ entschieden werden kann. Virulent wird die Frage insbesondere, wenn der haushaltsführende Ehepartner nach der Trennung oder Scheidung eine Erwerbstätigkeit aufnimmt. An diesen praktisch überaus häufigen Fällen hat sich die unterhaltsrechtliche Kontroverse entzündet, die mit den Schlagworten „Differenzmethode“ contra „Anrechnungsmethode“ umschrieben ist. Im Rahmen dieser Untersuchung soll nicht näher auf diese Kontroverse eingegangen werden, weil es sich — entgegen dem Eindruck, den die verwendeten Begriffe hervorrufen — gerade nicht um ein berechnungstechnisches Problem handelt, sondern um die Bestimmung des Merkmals „eheliche Lebensverhältnisse“ in qualitativer und zeitlicher Hinsicht[31]. Die augenblicklichen Standpunkte lassen sich grob wie folgt skizzieren: Der BGH[32] sieht die ehelichen Lebensverhältnisse *eng* als durch das ehezeitliche Einkommen einschließlich in der Ehezeit bereits angelegter Entwicklungen definiert. Nach der Scheidung hinzutretendes Einkommen wird nicht in die Quotelung einbezogen, sondern bedarfsmindernd auf den Quotenunterhalt plus konkreten trennungsbedingten Mehrbedarf angerechnet (daher Anrechnungsmethode). Der Unterschiedsbetrag kann gemäß § 1573 II als Aufstockungsunterhalt verlangt werden. Die Kritiker[33] fassen die ehelichen Lebensverhältnisse weiter und behandeln den Fall einer nachehelichen Erwerbsaufnahme genauso wie eine Doppelverdienerehe: Beide Einkommen werden gequotelt, d. h. der weniger verdie-

---

[30] DAVorm 84, 81 (251).

[31] Kompliziert wird die Problematik insbesondere dadurch, daß mehrere Problemstränge miteinander verknüpft sind; so hat beispielsweise die zentrale Frage, ob die ehelichen Lebensverhältnisse im Zeitpunkt der Trennung oder der Scheidung festzustellen sind, im Zusammenhang mit einer zwischenzeitlichen Einkommenssteigerung ein ganz anderes Gewicht, als wenn sie mit Fragen einer Erwerbsobliegenheit und daraus resultierendem zweiten Einkommen verknüpft ist. Diese Themen erfordern eine breite, umfassende Auseinandersetzung, die nicht durch die unterschiedlichen Ergebnisse der Berechnungsmethoden beeinflußt sein sollte.

[32] BGH FamRZ 81, 539 (541); 82, 255 (257); 83, 146 (150); 83, 456 (458); 84, 151 (153); 84, 356 (357).

[33] OLG Köln FamRZ 82, 706 (710); *v. Hornhardt* NJW 82, 17; *Büttner* FamRZ 84, 534 (536 f.); *Hampel* FamRZ 84, 621 (627 f.); *Weychardt* NJW 84, 2328 und DAVorm 84, 81 (250 ff.); differenzierend *Schwab*, Tendenzen, S. 33 ff.

nende Ehegatte erhält die Hälfte bzw. 3/7, 2/5 der Differenz zum höheren Einkommen als Aufstockungsunterhalt (Differenzmethode).

bb) Quotelung im unteren Einkommensbereich

Bedenken gegen die Tauglichkeit des Quotenverfahrens ergeben sich auch in den Fällen, in denen das zu verteilende Einkommen so gering ist, daß mit dem Quotenbetrag nicht das Existenzminimum gedeckt wird. Seit kurzem weisen einige Tabellen und Leitlinien Mindestbedarfssätze für unterhaltsberechtigte Ehegatten auf[34], die auf gleicher Höhe wie der notwendige Selbstbehalt des Verpflichteten liegen (ab 1. 1. 1985: 990 DM falls erwerbstätig, 910 DM falls nicht erwerbstätig). Demnach läßt sich der Bedarf nur dann mit einer Quote ausdrücken, wenn sich ein höherer Betrag als 910/990 DM ergibt. Der Mindestbedarf bildet somit die Untergrenze für das Quotenverfahren. Dem liegt unausgesprochen die Vorstellung zugrunde, daß angemessener Unterhalt sich grundsätzlich in einem Rahmen bewegt, der nach unten durch das Existenzminimum (= notwendiger Unterhalt) begrenzt wird. Bedarfssätze, die nicht wenigstens eine einfache Lebensführung erlauben, können niemals angemessen sein[35]. Diese Vorstellung ist beim Kindesunterhalt klar ausgeprägt, wo die Regelbedarfssätze den Mindestbedarf darstellen. Etwas entsprechendes für Ehegatten zu übernehmen, hat man offenbar Skrupel: Der BGH[36] hat sich jüngst ausdrücklich gegen die Annahme eines generellen Mindestbedarfs ausgesprochen, weil damit die Abhängigkeit des Unterhalts von den ehelichen Lebensverhältnissen nicht hinreichend beachtet werde. Das Votum begegnet erheblichen Bedenken, sowohl hinsichtlich des Ergebnisses als auch wegen der unzureichenden Begründung. Ohne Kenntnis der zugrunde liegenden Fallgestaltung leuchtet es zunächst einmal nicht ein, warum die für den Ehegattenunterhalt spezifische Anknüpfung an die ehelichen Lebensverhältnisse die abstrakte Festsetzung eines Mindestbedarfs verbieten soll. Strukturell gibt es keinen erheblichen Unterschied zum Verwandtenunterhalt: Statt nach der Lebensstellung einer Person (wie in § 1610 I) richtet sich das Maß nach der Le-

---

[34] Düsseldorfer Tabelle, B. V., FamRZ 84, 961 (962); ebenso Düsseldorfer Tabelle nach Frankfurter Praxis, FamRZ 84, 1072 (1073), jedoch mit anderen Beträgen; das OLG Frankfurt verfährt bereits seit FamRZ 79, 41 in dieser Weise, siehe *Weychardt* DAVorm 84, 81 (261 f.); die abweichende Berechnung eines Einzelrichters des OLG Frankfurt in FamRZ 84, 282 ist wieder aufgegeben worden, wie *Weychardt* aaO (Fn. 5) mitteilt. Mindestbedarfssätze weisen auch die Hammer Leitlinien unter Ziffer 33 aus, FamRZ 84, 963 (965), jedoch mit Vorbehalt wegen der BGH-Rechtsprechung (s. Fn. 36) sowie die Kölner Richtlinien FamRZ 85, 24 (27), aber ohne Aussage zur Funktion.

[35] *Hübner* S. 40.

[36] BGH FamRZ 84, 356 (357) (nicht in FamRZ 83, 678, wie manchmal behauptet); ansatzweise beiläufig bereits in BGH FamRZ 81, 241. Gegen Mindestbedarfssätze auch schon *Griesche* FamRZ 81, 423 (849).

bensstellung zweier Personen — der Gatten — bezogen auf einen bestimmten Zeitraum — die Ehe —. Wenn sich im Verwandtenunterhaltsrecht aus dem Sinn des Unterhalts, nämlich Lebensbedürfnisse zu befriedigen, ein Mindestbedarf definieren läßt, muß dies beim Ehegattenunterhalt genauso möglich sein. Man darf nicht in den Fehler verfallen, von der Berechnungsmethode her auf die sachlichen Voraussetzungen zu schließen.

Die eigentliche Problematik von Mindestbedarfssätzen enthüllt sich erst bei genauerer Betrachtung ihrer Funktion im Rahmen der Unterhaltsberechnung. Zur Vereinfachung soll von einer hälftigen Quotelung ausgegangen werden. Setzt man den Mindestbedarf des Berechtigten in gleicher Höhe wie den Selbstbehalt des Verpflichteten an, ergibt sich im Normalfall überhaupt kein Widerspruch zwischen Quotenmethode und pauschalem Mindestbedarf: Wenn der Selbstbehalt nicht gefährdet ist, ist auch der Mindestbedarf stets gedeckt; wenn der Selbstbehalt tangiert ist, erhält der Berechtigte sowieso nur den überschießenden Teil, ohne daß sein Mindestbedarf eine Rolle spielt. Etwas anderes gilt, wenn Einkünfte oder Vermögen des Berechtigten bedarfsmindernd anzurechnen sind. Dann bekommt der Mindestbedarf als Rechengröße Bedeutung, indem er als Einsatzbetrag immer dann herangezogen wird, wenn der Quotenunterhalt eigentlich weniger beträgt. Das ist auch gerechtfertigt, weil nur auf diese Weise tatsächliche Bedarfsdeckung durch den Einsatz der zusätzlichen Geldmittel erzielt werden kann. Auch wenn die ehelichen Lebensverhältnisse bescheidener waren, muß hier das eheliche Lebensniveau überschritten werden, weil andernfalls der Verpflichtete wesentlich besser als zu Ehezeiten, der Ehepartner jedoch trotz des Einsatzes eigener Geldmittel wesentlich schlechter stünde. Ein Rechenbeispiel kann das verdeutlichen[37]:

Eheeinkommen = 1200 DM
Mindestbedarf = Selbstbehalt = 900 DM
anzurechnendes nacheheliches Einkommen = 600 DM

Rechnung ohne Mindestbedarfssatz	Rechnung mit Mindestbedarfssatz	
1200 : 2 = 600 DM	Bedarf	= 900 DM
= Bedarf gem. ehel. Lebensverhältnissen	./. eigenes Eink.	= 600 DM
	Unterhaltsanspruch	300 DM
Eigenes Einkommen deckt Bedarf = kein Unterhalt		
Ergebnis:	Ergebnis:	
M hat 1200 DM zum Leben	M hat (1200 — 300 =) 900 DM	
F hat 600 DM	F hat (600 + 300 =) 900 DM	

[37] Trennungsbedingter Mehrbedarf bleibt aus Gründen der Übersichtlichkeit außer Ansatz; wird er berücksichtigt, fällt der Kontrast zwar milder aus, bleibt aber grundsätzlich bestehen.

Im Grunde kontrastieren hier mehrere Prinzipien des nachehelichen Unterhaltsrechts: Das Prinzip der strengen Anknüpfung an die ehelichen Lebensverhältnisse, in Verbindung mit einer rigorosen Verweisung auf das Prinzip der Eigenverantwortung beherrscht die Rechtsprechung des BGH[38], während die Prinzipien nachehelicher Solidarität und weitgehender Perpetuierung der gleichmäßigen Teilhabe am verfügbaren Einkommen durch den Mindestbedarfssatz besser verwirklicht sind.

Der Mindestbedarf wird weiterhin als Einsatzbetrag zur gleichmäßigen Mangelverteilung in Konkurrenzfällen benötigt. Mehrere gleichrangige Unterhaltsansprüche werden bei mangelnder Leistungsfähigkeit des Verpflichteten anteilmäßig im Verhältnis der Mindestbedarfssätze gekürzt. Hier betrifft die Entscheidung zwischen Quote oder Mindestbedarfssatz nur das Verhältnis der Berechtigten untereinander, keinesfalls den Leistungsumfang des Verpflichteten. Die Problematik wird später im Kapitel „Konkurrenzen" behandelt.

Abschließend sei noch auf ein (wirklich „hausgemachtes") Problem hingewiesen, das die gegenwärtige Höhe der Mindestbedarfssätze in der Düsseldorfer Tabelle betrifft. Diese sind nicht mit der Höhe der verwendeten Quote abgestimmt, so daß sich in einem bestimmten Einkommensbereich das Quotenverfahren und die Mindestbedarfsdeckung widersprechen. Das wäre vermeidbar, wenn der Mindestbedarf zum Selbstbehalt des Verpflichteten im selben Verhältnis stünde wie die Quotenanteile der Ehegatten am verfügbaren Einkommen zueinander. Da die Düsseldorfer Tabelle bekanntlich die 3/7-4/7-Quotelung praktiziert, muß der Mindestbedarf zum Selbstbehalt ebenfalls im Verhältnis 3 : 4 stehen; jedenfalls darf er nicht *mehr* als 3/4 betragen, wenn ein Wertungswiderspruch vermieden werden soll. Nach der gegenwärtigen Praxis (910 DM Mindestbedarf, 990 DM Selbstbehalt) ergibt sich im Einkommensbereich zwischen 1733 DM und 2123 DM rechnerisch zwangsläufig das Dilemma, daß eine möglichst weitgehende Befriedigung des Mindestbedarfs nur zu Lasten des Erwerbstätigkeitsbonus erfolgen kann[39]. Hier muß klargestellt werden, was letztlich gewollt ist.

---

[38] Darin liegt eine konsequente Fortführung seiner Rspr. zur Anrechnungsmethode, vgl. Fußn. 32.

[39] Zur Nachvollziehbarkeit: 990 DM sind 4/7 von 1733 DM. Bei niedrigerem Einkommen erhält der Berechtigte nicht einmal die Quote (Mangelfall). Zwischen 1733 DM und 1900 DM (= 990 + 910 DM) wird der Mindestbedarf wegen Gefährdung des Selbstbehalts nie ganz gedeckt; eine möglichst weitgehende Befriedigung raubt dem Verpflichteten sein zusätzliches Siebentel. Über 1900 DM ist der Mindestbedarf gedeckt, aber der Verpflichtete erhält weiterhin weniger als 4/7 des Gesamteinkommens. Erst ab 2123 DM aufwärts beträgt das Verhältnis tatsächlich 4 : 3 (1213 DM : 910 DM).

cc) Quotelung im oberen Einkommensbereich

Unbegrenzte Anwendung des Quotenverfahrens bis in höhere und höchste Einkommensbereiche bedeutet damit auch unbegrenzte Unterhaltsansprüche gegen wohlhabende Verpflichtete. Provoziert also vor allem durch die Methode, stellt sich die Frage nach einer Obergrenze für Unterhaltsansprüche. Zwei dogmatisch unterschiedliche Wege werden beschritten, um eine solche Grenze zu definieren.

Der eine Weg setzt am weitgehend objektiv verstandenen Lebensbedarf an und gelangt über die Annahme, daß jeder Bedarf vernünftigerweise einmal als gedeckt anzusehen ist, zu einer (echten) „Sättigungsgrenze". Wo Geld nicht mehr „sinnvoll für anerkennenswerten Lebensbedarf"[40] ausgegeben wird, muß Bedarfsdeckung auf Kosten anderer nach dieser Ansicht ihre Grenze finden[41]. Damit ist ein — rechtspolitisch durchaus gutzuheißendes — Anliegen auf eine Weise ausgedrückt, die wegen ihrer unkaschierten Subjektivität Bedenken weckt. Ohne Stütze im Gesetz werden hier persönliche Ansichten zum allgemeinen Maßstab erhoben. Was „anerkennenswerter" und „sinnvoller" Lebensbedarf ist, entscheidet jeder für sich selbst und jeder anders. Wenn Ehegatten ihre Lebensverhältnisse aufgrund freier Entscheidung in ungezügeltem Konsum gestaltet haben, kann man das schwerlich nach der Scheidung als sinnlose Prasserei bewerten. Deshalb steht die hM einer solchen Sättigungsgrenze ablehnend gegenüber[42].

Der andere Weg führt über eine Bereinigung des anrechnungsfähigen Einkommens im Ergebnis zu einer Reduzierung des Unterhaltsanspruchs. Diese Möglichkeit basiert auf der unbestrittenen Regel, daß derjenige Teil des Einkommens, der nicht dem Konsum, sondern der Vermögensbildung dient, nicht zur Bestimmung der ehelichen Lebensverhältnisse herangezogen werden darf[43]. Das folgt aus der Zweckbestimmung des Unterhalts, nur den laufenden Lebensbedarf zu decken, aber nicht einem fortgesetzten Zugewinnausgleich zu dienen[44]. Der finanzielle Aufwand für Vermögensanlagen wird naturgemäß mit stei-

---

[40] So *Schwab* FamRZ 82, 456 (458).

[41] Außer *Schwab* noch Palandt / *Diederichsen* § 1578, Anm. 2 (3); OLG Frankfurt FamRZ 80, 141 (142); einschränkend *Weychardt* DAVorm 84, 81 (259) (für seltene Ausnahmefälle).

[42] BGH FamRZ 82, 151 (152); 82, 680 (681); OLG Bamberg FamRZ 81, 668; OLG Frankfurt/Main FamRZ 81, 1061 (1062); MünchKomm / *Richter* ErgBd. § 1578, Rdn 12; *Rassow* FamRZ 80, 541; *Göppinger*, UnterhaltsR, Rdn. 662; *Griesche* FamRZ 81, 423 (845); *Christl* NJW 82, 961 (965); *Christian* ZBlJR 82, 559 (566); *Henrich* S. 27; *Gernhuber* FamRZ 83, 1069 (1078).

[43] BVerfG FamRZ 81, 745 (751); BGH FamRZ 80, 665 (669); 82, 151 (152); OLG Celle FamRZ 80, 581 (583); OLG Düsseldorf FamRZ 81, 1184; OLG Hamm FamRZ 82, 170 (171).

[44] OLG Frankfurt/Main FamRZ 81, 1061 (1062).

gendem Einkommen immer größer. Nur insofern ist die Ausgrenzung der Vermögensbildungsanteile überhaupt ein Problem der „Sättigungsgrenze". Unter Pauschalierungsgesichtspunkten geht es somit schlicht um die Frage, ob oberhalb eines bestimmten Einkommens ein pauschaler Betrag als nicht der Bedarfsdeckung dienend außer Ansatz bleiben kann. Auf diese Kernfrage hat sich die Diskussion über eine Sättigungsgrenze inzwischen reduziert. Seit der BGH[45] eine eindeutige Antwort zugunsten einer individuellen Feststellung des Vermögensbildungsanteils gegeben hat, wird eine schematische Lösung — soweit ersichtlich — nicht mehr propagiert[46]. In der Tat dürfte in diesem Bereich ein Verzicht auf pauschale Maßstäbe der richtige Weg sein. Der BGH[47] weist zu Recht darauf hin, daß es der individuellen Entscheidung der Ehegatten unterliege, ob und ggf. wieviel sie von ihrem Einkommen der Vermögensbildung zuführen; generelle Erfahrungssätze gebe es darüber nicht.

Für eine konkrete Feststellung spricht auch, daß die der Vermögensbildung zufließenden Beträge praktisch viel leichter festzustellen sind als die in den Konsum fließenden Mittel. Häufig dürfte es sich um gleichbleibende, wiederkehrende Leistungen (z. B. für Kapitalversicherungen) oder um große Beträge (Aktien, Vermögensbeteiligung) handeln, die leicht nachzuweisen sind. In der Regel muß die Vermögenslage ohnehin für den Zugewinnausgleich offengelegt werden. Schließlich läßt sich nur in einer konkreten Einzelfallbetrachtung die gebotene Unterscheidung treffen, ob wirkliche Anlageninteressen verfolgt wurden oder ob vielmehr für größere Anschaffungen (Auto, Urlaubsreise) gespart werden sollte, die letztlich doch den Lebenshaltungskosten zuzurechnen wären.

III. Selbstbehalt des Verpflichteten

1. Funktion und Bedeutung

Vom Selbstbehalt spricht man bedeutungsvoll als Eckpfeiler und Schlüsselbegriff des Unterhaltsrechts[1]. Dazu scheint kaum zu passen, daß das Gesetz den Begriff nicht kennt und die Sache selbst nur rudimentär geregelt hat. Auch in der Düsseldorfer Tabelle steht der Selbst-

---

45 BGH FamRZ 83, 678 (679).

46 Aus der früheren Rspr.: OLG Frankfurt/Main FamRZ 80, 263 (264): 20 % des Eink. f. Vermögensbildung; OLG München FamRZ 82, 801 (803): 1/3 Unterhaltsquote; ebenso OLG Düsseldorf FamRZ 83, 279 (280). Die Nürnberger Tabelle beruht wesentlich auf der schematischen Einarbeitung eines Vermögensbildungsfaktors in allen Einkommensbereichen, vgl. *Mager*, Nürnberger Tabelle, S. 2.

47 aaO.

1 *Weychardt* DAVorm 80, 607 (676).

behalt[2] ziemlich verloren in den Anmerkungen versteckt, scheinbar ohne Zusammenhang mit den übrigen Regelungen. In Wahrheit nimmt der Selbstbehalt jedoch aus rechtlichen und tatsächlichen Gründen eine Schlüsselstellung im Unterhaltsrecht ein. Speziell im Kontext pauschalierender Unterhaltsberechnung ist er von besonderem Interesse, weil in keinem anderen Bereich ein derartiges Maß an Schematismus, Abstraktion und reiner politischer Dezision erreicht ist.

Der Selbstbehalt bezeichnet den Betrag, der einem Unterhaltspflichtigen im Falle verminderter Leistungsfähigkeit für den eigenen Lebensunterhalt zu belassen ist. Der Begriff markiert also für den Pflichtigen die **Opfergrenze,** an der die Unterhaltserwartungen seiner Gläubiger enden. Das Gesetz unterscheidet zwischen zwei unterschiedlich hohen Opfergrenzen:

Gegenüber volljährigen Verwandten kann ein Verpflichteter gemäß § 1603 I seinen angemessenen Unterhalt verteidigen; jenseits dieser Grenze entfällt seine Leistungspflicht. Diese Opfergrenze wird als „angemessener“ oder „großer“ Selbstbehalt bezeichnet.

Diese Opfergrenze schützt Eltern nicht vor Unterhaltsansprüchen minderjähriger Kinder; vielmehr müssen Eltern alle verfügbaren Mittel zu ihrem und der Kinder Unterhalt gleichmäßig verwenden (§ 1603 II 1). Diese sog. gesteigerte Unterhaltspflicht bedeutet indes nicht, daß Eltern „das Letzte mit den Kindern teilen“ müßten[3]; zumindest außerhalb eines geschlossenen Unterhaltsverbandes muß eine letzte Schranke verhindern, daß der Unterhaltspflichtige selbst bedürftig wird und nur deshalb der Sozialhilfe anheimfällt, weil er andere unterstützt. Dieses ökonomisch allein sinnvolle Ergebnis steht nicht im Gegensatz zum Gesetz: § 1603 II 1 fordert lediglich den Einsatz der *verfügbaren* Mittel, d. h. ein Minimalbedarf bleibt den Eltern erhalten und steht nicht für Unterhaltszwecke zur Verfügung[4]. Diese erheblich tiefer gezogene Opfergrenze wird als „notwendiger“ oder „kleiner“ Selbstbehalt bezeichnet.

Die Opfergrenzen beim Ehegattenunterhalt sind dem Gesetz nicht so eindeutig zu entnehmen, weshalb einiges streitig ist; genaueres dazu später.

---

[2] Die Düsseldorfer Tabelle verwendet seit 1. 1. 82 den Begriff „Eigenbedarf“ anstelle von Selbstbehalt, wahrscheinlich deswegen, weil ein Substantiv „Behalt“ in der deutschen Sprache nicht existiert und das Kompositum „Selbstbehalt“ somit ein unschönes Kunstwort ist. Eine sachliche Änderung ist damit nicht verbunden (*Hampel* FamRZ 81, 1209, 1210). Hier soll weiter die Bezeichnung Selbstbehalt verwendet werden, weil sie etabliert ist, terminologisch eindeutig und die Änderung sich noch nicht allgemein durchgesetzt hat.

[3] So aber noch MünchKomm / *Köhler* § 1603, Rdn 20.

[4] Zu dieser „nahezu gewohnheitsrechtlichen“ (BGH) Auslegung des § 1603 II 1 siehe statt aller: BGH NJW 84, 1614 mit zahlr. Nachw.

Neben der Funktion als Opfergrenze kommt dem Selbstbehalt eine zweite Funktion zu, auf die § 1603 II 2 hindeutet: Danach setzt die gesteigerte Unterhaltspflicht nicht ein, wenn ein anderer unterhaltspflichtiger Verwandter vorhanden ist[5]. Das bedeutet, daß an der Grenze des angemessenen Selbstbehalts eine **Rangverschiebung** eintritt: Grundsätzlich rangfernere Verwandte haften nun vorrangig vor den Eltern auf den restlichen (noch ungedeckten) Unterhalt des Kindes. Nur wenn kein anderer leistungsfähiger Verwandter vorhanden ist, haften die Eltern bis zur Grenze des notwendigen Selbstbehalts. Der angemessene Selbstbehalt fungiert also in gewissen Fällen als vorläufige Haftungsgrenze, jenseits derer veränderte Rangbedingungen gelten. Von den übrigen Verpflichteten hängt es dann ab, ob der angemessene Selbstbehalt auch zur endgültigen Opfergrenze wird oder ob diese erst beim notwendigen Selbstbehalt erreicht ist.

Da in der Praxis eine Haftung gradferner Verwandter relativ selten vorkommt, ist die praktische Bedeutung der letztgenannten Funktion des Selbstbehalts geringer. Die eminente Wichtigkeit für das Unterhaltsrecht ergibt sich aus der erstgenannten Funktion als Opfergrenze in Verbindung mit der Tatsache, daß die Praxis der Gerichte weitgehend von Mangelfällen beherrscht ist[6]. Bei beschränkter Leistungsfähigkeit teilen sich alle Unterhaltsansprüche in die Verteilungsmasse, die nach Festsetzung des Selbstbehalts übrig bleibt. Damit ist die Größe des Selbstbehalts in der Mehrzahl aller Fälle der ausschlaggebende Faktor für die Höhe des Unterhalts. Es wird deutlich, welche Steuerungsfunktion damit der Selbstbehaltsbestimmung zufällt. Der Bedarf der Berechtigten hat demgegenüber untergeordnete Bedeutung: Voll gedeckt wird er nur in den wenigen Nicht-Mangelfällen; als zu kürzender Einsatzbetrag bestimmt er nur das Verhältnis zwischen mehreren Berechtigten, nicht jedoch zwischen Berechtigten und Verpflichtetem. Sozialer und rechtspolitischer Zündstoff liegt allein in der Ausbalancierung des Verhältnisses zwischen Berechtigten und Verpflichtetem, somit vornehmlich in der Selbstbehaltsfixierung; schließlich wird damit auch das Ausmaß subsidiärer öffentlicher Hilfen determiniert.

---

5 Desgleichen nicht, wenn das Kind vermögend ist, § 1603 II 2, 2. Halbs.; dieser Fall interessiert hier weniger.

6 *Müller-Freienfels*, S. 332 ff., sieht die gewachsene Bedeutung des Selbstbehalts als Folge einer Überbetonung der Anspruchsmöglichkeiten; die Verbesserung auf der Aktivseite habe den Engpaß auf der Passivseite verursacht. Zur Häufigkeit der Mangelfälle siehe schon oben 3. Teil, I. Kap., Fußn. 40.

2. Abstrakte Bestimmung des Selbstbehalts

a) Selbstbehalt gegenüber Ansprüchen von Kindern

Die Düsseldorfer Tabelle (Stand 1. 1. 1985)[7] beziffert den notwendigen Selbstbehalt eines nicht erwerbstätigen Unterhaltsverpflichteten mit mtl. 910 DM, denjenigen eines erwerbstätigen mit 990 DM. Der angemessene Selbstbehalt beträgt mindestens 1300 DM.

An diesen Zahlen fällt zunächst auf, daß beim kleinen Selbstbehalt nach Erwerbstätigkeit differenziert wird. Eine Begründung wird in diesem Zusammenhang nirgends angeführt. Es dürfte sich ebenso wie beim Ehegattenunterhalt um die Anerkennung berufsbedingten Mehrbedarfs handeln. Oben[8] wurde bereits befürwortet, den Mehraufwand eines Erwerbstätigen bei der Ermittlung des anrechnungsfähigen Nettoeinkommens in Abzug zu bringen. Auch wenn man dieser Ansicht nicht folgt, muß doch sichergestellt sein, daß ein Erwerbstätigkeitszuschlag nicht mehrfach im Zuge einer einzigen Unterhaltsberechnung wiederkehrt[9]. Nach der Düsseldorfer Tabelle wird ein Berufstätiger dreimal bevorzugt, zuerst bei der Bereinigung des Nettoeinkommens, dann mit der höheren Ehegattenquote und schließlich durch einen erhöhten Selbstbehalt. Abweichend davon gewähren einige Oberlandesgerichte einen einheitlichen kleinen Selbstbehalt unabhängig von einer Erwerbstätigkeit[10].

Inkonsequent ist es, wenn die Befürworter eines differenzierten Selbstbehalts nicht beim großen Selbstbehalt entsprechend verfahren. Soweit ersichtlich, weisen indes nur die Rechtsprechungshinweise des OLG München[11] einen erhöhten angemessenen Selbstbehalt bei Erwerbstätigkeit aus. Diese Ungereimtheit mag damit zusammenhängen, daß über die Struktur des angemessenen Selbstbehalts ohnehin keine klaren Vorstellungen herrschen. Das Wort „mindestens“ in den Tabellenanmerkungen deutet darauf hin, daß der angegebene Betrag nur ein „Mindestselbstbehalt“ sein soll, der im Einzelfall höher liegen kann[12]. Damit ist ein Problemkreis berührt, der zu den diffusen Themen der Unterhaltsberechnung zählt; die Frage ist, ob man den angemessenen

---

7 FamRZ 84, 961 (962).

8 Sub II. 2.

9 Dem dient der Hinweis in den Leitlinien des OLG Bremen unter A. 4. a), FamRZ 85, 28 (29).

10 OLG Frankfurt/Main FamRZ 84, 1073; OLG Oldenburg FamRZ 83, 1199; OLG Schleswig SchlHA 84, 181. Auch *Dieckmann* (DFGT-Referat S. 54) meldet Zweifel an, ob eine höhere Opfergrenze des erwerbstätigen Pflichtigen sinnvoll sei; er hält die Unterscheidung nicht für zwingend geboten, aber durchaus für rechtlich zulässig.

11 FamRZ 83, 20.

12 So ausdrücklich *Hampel* FamRZ 80, 21 (22).

Selbstbehalt als fixen Betrag oder als veränderlichen, am Einkommen des Pflichtigen orientierten Wert zu sehen hat. Der Wortlaut des § 1603 I, insbesondere die Verwendung des Wörtchens „angemessen“, legt den Schluß nahe, daß der Selbstbehalt genauso wie der Anspruch des Unterhaltsberechtigten nach der Lebensstellung zu bemessen sei[13]. Dieser Schluß wäre verfehlt. „Selbstbehalt“ im technischen Sinne bezeichnet gerade *nicht* dasjenige, was ein Verpflichteter „selbst behält“; was diesem unter dem Strich verbleibt, ist bei ausreichender Leistungsfähigkeit nämlich *mehr* und braucht nicht berechnet zu werden. Für die Unterhaltsberechnung fungiert der Selbstbehalt lediglich als Opfergrenze bei *nicht* ausreichender Leistungsfähigkeit. „Angemessen“ bedeutet demnach keine Anknüpfung an die Lebensstellung; da im gegenwärtigen System bereits der Bedarf des Berechtigten von der Lebensstellung des Verpflichteten abhängt, bedarf es keiner weiteren Verknüpfung. Sofern man systemimmanente Bedarfsbeträge ansetzt, ist sichergestellt, daß ein Verpflichteter in hoher Lebensstellung gar nicht bis zur Opfergrenze herabgedrückt wird. Deshalb hat das Ergebnis, daß ein fixer angemessener Selbstbehalt nötig ist, nur scheinbar einen egalitären Charakter. Zur Bestätigung der Richtigkeit kann man die zweite genannte Funktion des Selbstbehalts heranziehen, nämlich an einem bestimmten Punkt eine Rangverschiebung zu Lasten anderer unterhaltspflichtiger Verwandter herbeizuführen: Wäre der Selbstbehalt flexibel am Einkommen orientiert, würde die Haftung nachrangiger Verwandter desto eher einsetzen, je mehr der primär Pflichtige verdient — ein wirtschaftlich völlig unsinniges Ergebnis.

Die Unsicherheit über die Struktur des großen Selbstbehalts kann auch durch ein Mißverständnis der sog. Bedarfskontrollbeträge der Düsseldorfer Tabelle provoziert worden sein. Seit 1979 enthält die Tabelle für jede Einkommensgruppe einen Kontrollbetrag, der in der untersten Gruppe identisch ist mit dem kleinen Selbstbehalt des Verpflichteten und dann in den höheren Gruppen kontinuierlich ansteigt. Ohne Hinzuziehung der Erläuterungen kann dadurch in der Tat der Eindruck eines einkommensabhängigen Selbstbehalts erweckt werden[14]. Unglücklicherweise verwendete die 79er-Fassung der Tabelle[15] die Spaltenüberschrift „Selbstbehalt“, obwohl es sich der Sache nach nicht um eine Opfergrenze handelte; 1980 wählte man die passendere Bezeichnung „Bedarfskontrollbetrag“. Er dient in Wahrheit zur Reduzierung des Kin-

---

[13] Für einen flexiblen Selbstbehalt *Dieckmann* DAVorm 79, 553 (561); *Mager*, Nürnberger Tabelle, S. 3; *Christian* ZBlJR 82, 559 (575); *Köhler*, Handbuch, Tabelle im Einband.

[14] So wohl mißverstanden von *Weychardt* DAVorm 79, 145 (152) und DAVorm 79, 321 (323); *Dieckmann* DFGT-Referat S. 60; *Christian* ZBlJR 82, 559 (562, 574); *Huvalé* ZBlJR 82, 577 (582); *Christl* NJW 82, 961 (962).

[15] FamRZ 78, 854.

desbedarfs bei starker Unterhaltsbelastung des Pflichtigen[16]. Trotz der terminologischen Verbesserung blieb der Bedarfskontrollbetrag ein mißverstandenes Institut, was die Verfasser der Tabelle jüngst zu einer expliziten redaktionellen Klarstellung veranlaßte[17], die hoffentlich für die Zukunft Verwechselungen ausschließt.

b) Selbstbehalt gegenüber Ansprüchen von Ehegatten

Gegenüber getrennt lebenden Ehegatten besteht gemäß § 1361 keine gesetzlich angeordnete Opfergrenze. Insoweit besteht Ähnlichkeit zur gesteigerten Unterhaltspflicht gegenüber minderjährigen Kindern, wo der Vorschrift des § 1603 II ebenfalls keine Opfergrenze zu entnehmen ist. Das legt es nahe, die Grenze hier wie dort beim Existenzminimum des notwendigen Selbstbehalts zu ziehen. So verfährt in der Tat die ganz herrschende Praxis[18]. Die vereinzelt dafür anzutreffende Begründung[19], gemäß § 1609 II 1 stehe der Ehegatte im gleichen Range wie die minderjährigen Kinder, ist freilich nicht stichhaltig. Die Rangfolge der Berechtigten entscheidet nur, in welcher Reihenfolge die Ansprüche im Mangelfall zu befriedigen sind; ein zwingender Schluß auf die Größe des Selbstbehalts läßt sich nicht daraus herleiten[20]. Ausschlaggebend ist allein, daß der Trennungsunterhalt wie der Unterhalt minderjähriger Kinder eine Perpetuierung der Situation im intakten Unterhaltsverband darstellt und daher weitgehend dessen Prinzipien folgen muß. In der intakten Familiengemeinschaft gibt es keine bezifferbaren Opfergrenzen, weshalb außerhalb derselben nur die aus wirtschaftlichen Sachzwängen gebotene Grenze des Existenzminimums gelten kann. Der Selbstbehalt im Rahmen des § 1361 liegt somit auf gleicher Höhe wie in § 1603 II 1.

Beim Unterhalt nach Scheidung der Ehe geht es zunächst um die Frage, ob § 1581 gegenüber dem geschiedenen Ehegatten den gleichen angemessenen Selbstbehalt gewährleistet wie § 1603 I gegenüber einem volljährigen Kind. Die Oberlandesgerichte Frankfurt/Main[21], Oldenburg[22] und Schleswig[23] sowie einige Vertreter im Schrifttum[24] sind noch

---

16 Näheres unten sub IV. 1.

17 Düsseldorfer Tabelle (Stand: 1. 1. 85), Anmerkung 6: „Der Bedarfskontrollbetrag [. . .] ist nicht identisch mit dem Eigenbedarf."

18 Abweichend nur OLG München, FamRZ 83, 20 und anscheinend auch OLG Oldenburg (vgl. FamRZ 83, 1199).

19 *Morawietz* FamRZ 77, 546; Göppinger / *Wenz* Rdn 1135.

20 *Dieckmann*, DFGT-Referat S. 54; *Hübner* S. 58.

21 „Düsseldorfer Tabelle nach Frankfurter Praxis (Gültig ab 1. 1. 85)" unter B IV, FamRZ 84, 1073, abweichend jedoch der 1. FamS, FamRZ 84, 593, und der 2. FamS mit Sitz in Kassel, vgl. *Weychardt* DAVorm 84, 81 (268).

22 FamRZ 83, 1199.

23 SchlHA 84, 181.

immer dieser Ansicht, obwohl eine genaue Analyse des Wortlauts von § 1581 etwas anderes ergibt[25]. Zwar verwenden beide Vorschriften (§ 1603 I und § 1581) im Tatbestand die Wendung „Gefährdung des eigenen angemessenen Unterhalts", was nach dem Prinzip einheitlicher Begriffsbildung in ein und demselben Rechtsgebiet im gleichen Sinne interpretiert und betragsmäßig konkretisiert werden muß. Die beiden Vorschriften weisen aber ganz unterschiedliche Rechtsfolgeanordnungen auf: In § 1603 I ist die Rechtsfolge Leistungsfreiheit; in § 1581 geht es dagegen um die Rechtsfolge beschränkte Leistungspflicht, weil der Schuldner, der die Grenze des angemessenen Selbstbehalts erreicht hat, weiterhin unterhaltspflichtig ist, sofern zwei zusätzliche Voraussetzungen gegeben sind: Das Billigkeitserfordernis und das Fehlen eines anderen unterhaltspflichtigen Verwandten (§ 1584 S. 2 i. V. m. § 1581). Der angemessene Selbstbehalt markiert also nur die Grenzlinie, ab der ein Unterhaltsanspruch in einen Billigkeitsanspruch umschlägt und an der die Rangverschiebung einsetzt. Insofern hat § 1581 mehr strukturelle Ähnlichkeit mit dem Abs. 2 des § 1603 als mit dessen Abs. 1 — also gerade umgekehrt, als es auf den ersten Blick scheint. Die endgültige Opfergrenze läßt sich der Vorschrift jedenfalls nicht entnehmen. Deshalb wäre es systemgerecht, beim Geschiedenenunterhalt die Opfergrenze aus den gleichen Gründen wie in §§ 1603 II und 1361 beim notwendigen Selbstbehalt zu ziehen. So sieht es auch die Düsseldorfer Tabelle vor[26]; die meisten Oberlandesgerichte folgen ihr darin[27]. Soweit einige Gerichte meinen, im Rahmen des § 1581 einen dritten, sog. „billigen Selbstbehalt" festlegen zu müssen[28], ist dafür weder ein Bedürfnis noch eine dogmatische Grundlage zu erkennen; „Billigkeit" äußert sich nicht in einer eigens geschaffenen Opfergrenze. Sollte der notwendige Selbstbehalt im Einzelfall unbillig sein, kann und muß selbstverständlich ein höherer Eigenbedarf zugestanden werden; eine weitergehende Schematisierung ist in diesem Bereich überflüssig. Insbesondere die vom OLG Hamm[29] praktizierte Differenzierung danach, ob beim berechtigten

---

24 *Weychardt* DAVorm 79, 321 ff. und DAVorm 84, 81 (98, 260); *Köhler*, Handbuch, Tabelle im Einband; *Christian* DAVorm 84, 523 (538).

25 Das hat *Dieckmann* in DAVorm 79, 553 ff. ausführlich dargelegt; ihm folgend KG FamRZ 79, 926 (927); *Jäger* ZBlJR 82, 590 (595); *Holzhauer* S. 129.

26 Unter B. IV., FamRZ 84, 962.

27 Abweichend die in Fußnoten 21—23 und 28 genannten.

28 KG Berlin FamRZ 79, 926; OLG Celle Leitlinien IV. 3., NJW 84, 282 (283); OLG Hamm Leitlinien Ziff. 33, FamRZ 84, 963 (965); OLG Saarbrücken NJW 84, 279. In der Lit. zustimmend *Griesche* FamRZ 81, 423 (845); *Hübner* S. 51; ablehnend Göppinger / *Wenz* Rdn 1135.

29 Leitlinien Ziff. 33, FamRZ 81, 1213 (Stand 1. 1. 82); FamRZ 84, 965 (Stand 1. 1. 85). Ähnlich differenzierend OLG München FamRZ 83, 20, jedoch bei fehlenden Kindern sogar großer Selbstbehalt. Wie Hamm: *Spangenberg* DAVorm 84, 455 (457).

Ehegatten Kinder leben (dann notwendiger Selbstbehalt) oder nicht (in diesem Fall billiger Selbstbehalt) ist systemwidrig und nicht interessengerecht: Vergrößert man für den berechtigten Ehegatten durch Reduzierung des Selbstbehalts die Zugriffsmasse, wird der auf die Kinder entfallende Anteil automatisch kleiner. Das kann wohl nicht gewollt sein. Der einzige Sinn der Differenzierung liegt darin, bei gleichrangigen Ansprüchen von Kindern und Ehegatten nicht umständlich mit zwei verschiedenen Verteilungsmassen operieren zu müssen. Dieses Ziel erreicht man freilich leichter, wenn man den billigen Selbstbehalt überhaupt fallen läßt und generell mit dem notwendigen Selbstbehalt arbeitet.

3. Betragsmäßige Festsetzung

Die vorangegangenen Ausführungen haben gezeigt, daß die Praxis der deutschen Gerichte bereits wegen rechtlicher Meinungsverschiedenheiten nicht einheitlich ist. Doch selbst unter denjenigen, die in den abstrakten Fragen einer Meinung sind, ließ sich bisher noch keine einheitliche betragsmäßige Konkretisierung erreichen. Nimmt man das Jahr 1984 als Vergleichsbasis[30], bietet sich folgendes Bild: Entsprechend der Düsseldorfer Tabelle gewähren die meisten Oberlandesgerichte einen angemessenen Selbstbehalt von 1200 DM; Oldenburg[31] und Schleswig[32] billigen nur 1100 DM zu, Bremen[33] dagegen 1250 DM. Als notwendigen Selbstbehalt beläßt die Mehrzahl der Gerichte einem Erwerbstätigen 900 DM, einem Nichterwerbstätigen 825 DM. Abweichend verfahren die Oberlandesgerichte Bremen[34] (925/850 DM), Schleswig[35] (einheitlich 950 DM), Frankfurt am Main[36] (900 DM), Oldenburg[37] (850 DM), Karlsruhe[38] (800 DM) und Nürnberg[39] (740/660 DM). Von wirklicher Rechtseinheit kann also (noch) keine Rede sein; immerhin bewegen sich alle Beträge in einem Rahmen, der allgemein gültige Ausführungen zur Höhe dieser Sätze erlaubt. Die neuen Zahlenwerte der Düsseldorfer Tabelle ab 1. 1. 1985 liegen mit 910/990 DM (kleiner Selbstbehalt) und 1300 DM (großer Selbstbehalt) ebenfalls im Rahmen der bisherigen Übung und gleichen nur die Teuerungsrate aus.

---

30 Für 1985 lag bei Abfassung dieses Textes noch nicht genug Material vor.

31 FamRZ 83, 1199.

32 SchlHA 84, 8.

33 Leitlinien A. 3. b), NJW 84, 279 (280).

34 Leitlinien A. 3. a), aaO.

35 SchlHA 84, 8.

36 Vgl. *Weychardt* DAVorm 84, 81 (100).

37 FamRZ 83, 1199.

38 NJW 84, 278.

39 Nürnberger Tabelle, S. 8, 2.2.

Ob diese Beträge nun angesichts der Lebenswirklichkeit „gerecht" oder „angemessen" sind, soll in dieser Untersuchung nicht erörtert werden. Die Diskussion darüber ist genauso unergiebig wie über die „richtige" Höhe des Kindesbedarfs, weil es hier wie dort keine objektiven Maßstäbe gibt. Wer bezweifelt, daß man von 1100 DM angemessen leben kann[40], transponiert nur seine eigenen Maßstäbe auf andere. Die Selbstbehalte der Düsseldorfer Tabelle und der anderen Leitlinien beruhen ebensowenig wie die Kindesbedarfswerte auf empirischen Vorgaben, sondern sind frei gegriffene Werte[41]. Daß sie dennoch im großen und ganzen realistisch sind, beweist der breite Konsens.

Ergiebiger ist die Frage, ob die Selbstbehalte des Unterhaltsrechts in ihrer Höhe mit anderen Opfergrenzen des bürgerlichen und öffentlichen Rechts harmonieren. In der Tat läßt die Existenz ähnlich definierter Grenzen insbesondere im Sozialhilferecht, Ausbildungsförderungsrecht und Zwangsvollstreckungsrecht an die Notwendigkeit einer Abstimmung denken.

Das Problem ist bereits älter; als die Düsseldorfer Tabelle noch nicht den heutigen normähnlichen Charakter hatte, waren die Gerichte emsig bemüht, für ihre Spruchtätigkeit irgendwelche gesetzlichen Anhaltspunkte zur Bestimmung eines Selbstbehalts zu finden. Das geschah teilweise offen auf der Suche nach dem angemessenen Betrag, teilweise aber auch zur Rechtfertigung gegriffener Beträge. Das deutlich empfundene Legitimationsdefizit gebar geradezu groteske Gedankengänge: So setzte sich das OLG Oldenburg[42] lang und breit mit der Eignung des Vollstreckungs-, Ausbildungsförderungs- und Sozialhilferechts auseinander und griff dann ohne jede Begründung zum 1,5fachen (!) Wert des Sozialhilferegelsatzes. Das OLG Hamburg[43] fand heraus, daß der Selbstbehalt sich aus dem SH-Regelsatz plus geschätzten Wohnkosten plus 100 DM Zuschlag ergäbe, was dasselbe sei wie der BAföG-Satz plus 50 DM Zuschlag. Solche Rechenkunststücke sind entbehrlich; es bleibt aber die Aufgabe des Tabellenschöpfers — sei es Richter, sei es Gesetzgeber —, die Einheit der Rechtsordnung und ihre innere Stimmigkeit zu beachten. Dieses wohlklingende Postulat verleitet indes leicht dazu, vermeintliche Unstimmigkeiten aufzudecken, wo in Wahrheit gar keine Abhängigkeit besteht.

Was das Verhältnis des Unterhaltsrechts zum Sozialhilferecht betrifft, fällt sogleich eine „Nahtstelle" auf, die bei der Höhe des Selbstbehalts berücksichtigt werden muß: Die Opfergrenze des Unterhaltsrechts muß *über* der Bedürftigkeitsgrenze des Sozialhilferechts liegen, damit nicht

---

40 *Dieckmann* DFGT-Referat S. 48.

41 So zu recht *Weychardt* DAVorm 84, 637.

42 FamRZ 80, 53 (55).

43 FamRZ 79, 446 (447).

qua Rechtsordnung Armut erzeugt wird und öffentliche Mittel sinnlos hin- und hergeschoben werden. Nun gibt es verschiedene Arten der Sozialhilfe; daß der Unterhaltspflichtige nicht der „Hilfe zum Lebensunterhalt" (§§ 11 ff. BSHG) anheimfallen darf, ist selbstverständlich und durch die gängigen Selbstbehaltssätze hinreichend berücksichtigt. Fraglich ist, ob der Selbstbehalt so großzügig bemessen sein muß, daß auch eine Berechtigung zur „Hilfe in besonderen Lebenslagen" (§§ 27 ff. BSHG) ausgeschlossen ist. Das ist je nach den konkreten Umständen nicht immer der Fall (vgl. die Einkommensgrenzen in §§ 79 ff. BSHG); ein mißlicher Systembruch liegt darin jedoch nicht, weil die Hilfe in besonderen Lebenslagen nur in speziellen Situationen (vgl. Katalog in § 27 I BSHG) eingreift. Es ginge zu weit, den potentiellen Eintritt einer derartigen Situation prophylaktisch bei der pauschalen Selbstbehaltsfixierung einzukalkulieren[44].

Im Schrifttum wird immer wieder auf die Sozialhilferegelsätze (§ 22 III BSHG) verwiesen, wenn es um die Bestimmung von Bedarf oder Opfergrenze geht[45]; die öffentlich-rechtliche Definition dessen, was zu einem menschenwürdigen Leben (§ 1 II 1 BSHG) erforderlich sei, müsse vom bürgerlichen Recht zumindest beachtet werden. Eine Gleichsetzung von Sozialhilfeniveau und notwendigem Unterhalt wird jedoch nirgends vorgenommen; prozentuale Zuschläge — die ihrerseits willkürlich gegrifen werden — hält man durchweg für notwendig[46]. Dieses Vorgehen ist symptomatisch und beweist, wie wenig brauchbar die Regelsätze für das private Unterhaltsrecht sind. Das liegt allerdings weniger daran, daß sie weder Miete noch Heizung enthalten und zudem nicht bundeseinheitlich sind[47], sondern vielmehr an der unterschiedlichen Zielsetzung von BSHG und BGB. Es grenzt in der heutigen Zeit der leeren Kassen an politische Naivität, einem sozialrechtlichen und einem privatrechtlichen Gesetz gleiche Wertungen entnehmen zu wollen. Das (legitime) Interesse des Staates geht dahin, die eigenen Verpflichtungen gering zu halten, die private Hilfe jedoch hoch anzusetzen, um damit indirekt die eigenen Kassen zu schonen. Es ist auch kein Grund ersichtlich, das Lebensniveau eines Unterhaltsverpflichteten demjenigen eines Sozialhilfeempfängers anzupassen; die Situation beider Personengruppen ist nicht vergleichbar.

---

[44] Ebenso: OLG Düsseldorf FamRZ 78, 720 (721).

[45] *Morawietz* FamRZ 77, 546 (547); *K/H-B/B*, 2. Aufl. Rdn 457; *Spangenberg* DAVorm 80, 769 (773); *Dieckmann* DFGT-Referat, S. 47; Erman / *Heckelmann* § 1361, Rdn 10; *Christian* ZBlJR 82, 559 (574); *Huvalé* ZBlJR 82, 577 (582, 586).

[46] OLG Düsseldorf FamRZ 77, 203: doppelter Regelsatz; OLG Oldenburg FamRZ 80, 53 (55): + 50 %; *Morawietz* FamRZ 77, 546 (547): „ein wenig höher".

[47] Dadurch sieht sich OLG Frankfurt FamRZ 78, 433 (434) an einer Heranziehung gehindert.

An der Maßgeblichkeit des Ausbildungsförderungsrechts für das private Unterhaltsrecht bestehen ähnliche Zweifel[48]. Das BAföG ist von bildungspolitischen Vorstellungen geprägt; ein Anspruch auf staatliche Ausbildungsförderung kann deshalb ohne weiteres auch dann gegeben sein, wenn ein Unterhaltsanspruch nicht mehr besteht. Zudem sind die Bedarfsbeträge gemäß § 35 BAföG von der finanzwirtschaftlichen Entwicklung des Bundes mitbestimmt, was ihre Brauchbarkeit für das Unterhaltsrecht noch weiter beeinträchtigt.

In einem wichtigen Punkt müssen Unterhaltsrecht und öffentliches Recht jedoch aufeinander abgestimmt sein: Umgehungs- und Manipulationsmöglichkeiten müssen ausgeschlossen sein. Damit ist insbesondere die Rückgriffssituation angesprochen: Wenn der Sozialhilfeträger im Regreß dem Unterhaltspflichtigen einen höheren Selbstbehalt beläßt als die Unterhaltstabelle, kann jeder Verpflichtete im kollusiven Einverständnis mit dem Bedürftigen diesen zunächst auf öffentliche Hilfen verweisen und sich dann von der öffentlichen Hand in Anspruch nehmen lassen, um in den Genuß des höheren Selbstbehalts zu kommen. *Dieckmann*[49] weist darauf hin, daß die von den Sozialämtern zugrunde gelegten „Empfehlungen für die Heranziehung Unterhaltspflichtiger" einen wesentlich höheren Selbstbehalt ergäben als in der Düsseldorfer Tabelle ausgewiesen. Hier liegt ein Scheinproblem vor: Der Sozialhilfeträger macht im Rückgriff den auf sich übergeleiteten privatrechtlichen Unterhaltsanspruch geltend. Maßgeblicher Selbstbehalt ist deshalb der Tabellenselbstbehalt. Wenn die staatlichen Stellen sich nicht danach richten, mögen sie ihre Gründe haben; ein Problem unkoordinierter Selbstbehaltsbestimmung liegt darin jedenfalls nicht. Im übrigen stammen die genannten „Empfehlungen" aus der Zeit, als es noch keine gesicherte Rechtsprechung zur Höhe des Selbstbehalts gab. Der erhöhte Betrag, den die öffentliche Hand zubilligte, hatte den Sinn, das Prozeßrisiko des Staates zu minimieren.

Es bleibt schließlich das Verhältnis des Selbstbehalts zu den Pfändungsfreigrenzen der ZPO zu erörtern. Obwohl § 850 d ZPO den „notwendigen Unterhalt" als unterste Opfergrenze gegenüber Ansprüchen bevorrechtigter Unterhaltsgläubiger festlegt, wird dieser tiefer angesetzt als der notwendige Selbstbehalt nach §§ 1361, 1581, 1603 II BGB. Er liegt betragsmäßig zwischen dem Sozialhilfesatz und dem allgemeinen Pfändungsfreibetrag nach § 850 c ZPO. Auch diese vermeintliche Unstimmigkeit — zumal zwischen zwei zivilrechtlichen Bestimmungen

---

[48] a. A. OLG Frankfurt FamRZ 78, 433, das den kleinen Selbstbehalt mit dem BAföG-Bedarfssatz gleichsetzt und für den großen Selbstbehalt 50 % aufschlägt.

[49] DAVorm 79, 553 (559) und DFGT-Referat S. 47.

— entpuppt sich bei genauer Betrachtung als sinnvoll. Die Opfergrenze des Vollstreckungsrechts muß zwingend an anderer Stelle verlaufen als die materielle Opfergrenze. Andernfalls wären titulierte Ansprüche auf rückständigen Unterhalt neben dem laufenden Unterhalt kaum zu realisieren. Säumnis brächte dem Unterhaltsschuldner finanziellen Gewinn, freiwillige Zahlung ohne Vollstreckung wäre ein Verlustgeschäft. Um das zu verhindern, muß die Opfergrenze der ZPO tiefer gezogen werden.

Zusammenfassend läßt sich feststellen, daß die pauschalierte Festsetzung des angemessenen und notwendigen Selbstbehalts in einer Unterhaltstabelle entgegen verbreiteter Ansicht[50] nur geringfügige Abstimmung mit Opfergrenzen in anderen Rechtsgebieten erfordert. Deren Niveau ist in der Regel an anderen Erfordernissen ausgerichtet. Notwendig ist vielmehr ein behutsames Austarieren des Selbstbehalts in eine optimale, seiner Steuerungsfunktion entsprechende Größenordnung im Spannungsfeld zwischen Berechtigtem und Verpflichtetem sowie zwischen privater und öffentlicher Hilfe. Mit den derzeitigen Sätzen der Düsseldorfer Tabelle scheint dies im großen und ganzen gelungen.

IV. Konkurrenzen, Rang und Mangel

Die Bewährungsprobe für jedes Unterhaltsberechnungssystem stellt sich erst, wenn mehrere konkurrierende Ansprüche berücksichtigt werden müssen. Ein einzelner Anspruch im Zwei-Personen-Verhältnis wirft naturgemäß weniger Probleme auf als ein Unterhaltsverband mit verschiedenen Ansprüchen, die rechtlich und tatsächlich in gegenseitiger Abhängigkeit stehen. Die Fälle unzureichender finanzieller Leistungsfähigkeit werden meist durch das Vorhandensein mehrerer Anspruchsteller verursacht, so daß man die Mangelverteilung getrost als Konkurrenzproblem betrachten kann, wenngleich sie auch im Zwei-Personen-Verhältnis akut werden kann. Berechnungstechnische Schwierigkeiten ergeben sich auch daraus, daß das Gesetz für die Unterhaltsberechtigten eine bestimmte Rangfolge aufstellt. Insofern beweist sich erst in der Konkurrenzsituation die wirkliche Qualität einer Unterhaltsberechnungsmethode.

Im folgenden soll zuerst untersucht werden, wie das Zusammentreffen gleichrangiger Unterhaltsansprüche zu behandeln ist; anschließend wird die Nachrangigkeit erörtert.

---

[50] Wie hier kritisch nur *Müller-Freienfels* S. 342 und nunmehr wohl auch *Köhler*, Handbuch, Rdn 80 a (abw. z. Voraufl.).

1. Konkurrenz gleichrangiger Unterhaltsansprüche

a) Gesetzliche Regelung und praktische Umsetzung

Nach § 1609 haben die Mitglieder der Kernfamilie — das sind minderjährige, unverheiratete Kinder und Ehegatten — untereinander gleichen Rang. Aus dem Wortlaut der Vorschrift geht nicht eindeutig hervor, ob damit auch ein geschiedener Ehegatte gemeint ist. Seit § 1582 jedoch für den Regelfall einen (relativen) Vorrang des früheren gegenüber dem gegenwärtigen Ehegatten aufstellt, ergibt sich daraus zwingend, daß § 1609 II 1 auch für den geschiedenen Ehegatten gelten muß[1]. Die auseinanderbrechende Kernfamilie bildet die praktisch bedeutendste Fallkonstellation; die Berechnung der einzelnen Ansprüche vollzieht sich folgendermaßen:

Der Kindesunterhalt wird der Tabelle entnommen, und zwar aus der dem Einkommen des Pflichtigen entsprechenden Gruppe, sofern zwei Kinder unterhaltsberechtigt sind. Ist nur ein Kind vorhanden, wird der Kindesunterhalt aus der nächsthöheren Einkommensgruppe abgelesen, sind drei oder mehr Kinder anspruchsberechtigt, wird der Pflichtige entsprechend tiefer eingestuft. Der gesamte Kindesunterhalt wird vom anrechenbaren Einkommen abgezogen; der verbleibende Rest wird zur Ermittlung des Ehegattenunterhalts gequotelt[2]. Ist ein zweiter (gegenwärtiger) Ehegatte ausnahmsweise gleichrangig berechtigt, wird dieser in die Quotelung einbezogen: Es wird nicht halbiert, sondern gedrittelt[3].

Als nächsten Schritt sieht die Düsseldorfer Tabelle eine Überprüfung anhand des Bedarfskontrollbetrags vor; das ist eine Art „rechnerischer Zwischenselbstbehalt“, der bei Unterschreitung eine Reduzierung des Kindesunterhalts auslöst, und zwar durch Einstufung in die nächst niedrigere Einkommensgruppe, deren Bedarfskontrollbetrag nicht unterschritten wird[4].

Ergibt die Leistungsfähigkeitskontrolle. daß der notwendige Selbstbehalt tangiert ist, folgt als nächster Schritt die Mangelverteilung, d. h. die Aufteilung des den Selbstbehalt übersteigenden Betrages. Hierbei

[1] Das wird heute nicht mehr bestritten, vgl. BGH FamRZ 83, 678 (680); ältere Nachweise zum Streitstand bei *Schwab,* Handbuch, Rdn 359.

[2] Insoweit besteht eine einheitliche Praxis der Obergerichte, freilich nicht in bezug auf auf Einzelheiten: Das Ausmaß der nötigen Umgruppierung, die Einbeziehung von Kindergeld und natürlich die Höhe der Quote sind umstritten.

[3] Vgl. ausführlich *Holzhauer* S. 143 f.

[4] Bedarfskontrollbeträge lehnen ausdrücklich ab: OLG Hamburg FamRZ 84, 1197; OLG Frankfurt/Main FamRZ 84, 1072 (1073) unter Ziff. 6 („entfällt“); *Christian* DAVorm 84, 523 (537) führt exemplarische Unterhaltsberechnungen vor, ohne den Bedarfskontrollbetrag zu berücksichtigen; ihre Kritik findet sich in ZBlJR 82, 559 (575).

sind die Divergenzen in der Vorgehensweise der einzelnen Gerichte erheblich. Auf die unterschiedlich hohen Selbstbehalte der bestehenden Praxis soll hier nicht mehr eingegangen werden; sie betreffen das „Außenverhältnis“ der Berechtigten zum Verpflichteten und sind im vorigen Kapitel ausführlich erörtert worden[5]. Nunmehr geht es um die Methoden der Mangelverteilung, die sich ausschließlich auf das „Innenverhältnis“ der Berechtigten untereinander auswirken. Nach wohl herrschender Praxis[6] werden die im Wege des dargestellten Verfahrens ermittelten Unterhaltsbeträge verhältnismäßig gekürzt, d. h. der Tabellenunterhalt der Kinder und der Quotenunterhalt des Ehegatten werden im selben Verhältnis herabgesetzt, wie die verfügbare Verteilungsmasse hinter dem Gesamtbedarf zurückbleibt. Der gekürzte Unterhaltsanspruch (X) ergibt sich somit aus der Formel

$$X = \frac{\text{angemessener Unterhalt x Verteilungsmasse}}{\text{Gesamtunterhaltsbedarf}}$$

Die abweichenden Verfahren[7] bedienen sich ebenfalls einer Dreisatzrechnung zur anteilmäßigen Kürzung der Ansprüche, arbeiten aber mit anderen Einsatzbeträgen, nämlich den pauschalen Mindestbedarfssätzen anstelle der Tabellen- und Quotenbeträge. In der neuesten Fassung der Düsseldorfer Tabelle[8] heißt es im Abschnitt C:

> Reicht das Einkommen zur Deckung des notwendigen Bedarfs des Unterhaltspflichtigen und der gleichrangigen Unterhaltsberechtigten nicht aus, ist die nach Abzug des notwendigen Eigenbedarfs (Selbstbehalt) des Unterhaltspflichtigen verbleibende Verteilungsmasse auf die Unterhaltsberechtigten im Verhältnis ihrer Mindestbedarfssätze (Kindesunterhalt: Gruppe 1; Ehegattenunterhalt: gemäß B. V.) gleichmäßig zu verteilen ...

Die Kölner Unterhaltsrichtlinien bieten neben der Möglichkeit einer verhältnismäßigen Kürzung einen Verteilungsschlüssel als Alternative an[9]; danach kann das verfügbare Einkommen im Verhältnis 8 : 6 : 3 auf Verpflichteten, Ehegatten und Kind aufgeteilt werden.

b) Kritik der dargestellten Verfahren

Die Abhängigkeit des Unterhaltsbedarfs von der Anzahl der unterhaltsberechtigten Personen wurde bislang im unterhaltsrechtlichen Schrifttum kaum untersucht[10] und bis vor wenigen Jahren auch von den

---

5 Oben III. 3.

6 Im Anschluß an das Berechnungsbeispiel der Düsseldorfer Tabelle (Stand 1. 1. 79), FamRZ 78, 854 (858) verfuhren die meisten OLGe entsprechend; mit der Zeit abweichend die in Kap. II., Fußn. 34 Genannten.

7 Nachw. oben Kap. II., Fußn. 34.

8 FamRZ 84, 961 (963).

9 FamRZ 85, 24 (27) unter Ziffer 27.0.

10 Seit kurzem existiert jedoch die vorzügliche Monographie von *Hübner*,

damaligen Unterhaltstabellen weitgehend ignoriert[11]. Reine Kindesunterhaltstabellen oder isolierte Berechnungsverfahren für Ehegattenunterhalt muß man schlicht als unbrauchbar bezeichnen und die Tatsache, daß nunmehr alle gebräuchlichen Systeme die Abhängigkeit wenigstens erkennen, bereits als Fortschritt ansehen.

Die Düsseldorfer Tabelle versucht die Interdependenz an zwei Ansatzpunkten methodisch aufzufangen: Die Anzahl der unterhaltsberechtigten Kinder wird durch die dargestellte Umgruppierung berücksichtigt, die Konkurrenz von Ehegatte und Kindern durch den Vorwegabzug des Kindesunterhalts vor der Quotierung. Hier zeigt sich bereits eine evidente Fehlgewichtung: Das Hinzutreten eines oder mehrerer anspruchsberechtigter Kinder verringert die Höhe des Ehegattenunterhalts beträchtlich, umgekehrt läßt aber das Hinzutreten eines anspruchsberechtigten Ehegatten den Kindesunterhalt qua Umgruppierung nur geringfügig sinken, nämlich um die Differenz zwischen zwei Einkommensgruppen. Das erstaunt, gerade weil der Bedarf eines erwachsenen Ehegatten wesentlich höher liegt als der eines Kindes. Auf den Fall der Kinderkonkurrenz beschränkt erscheint die Idee der Umgruppierung auf den ersten Blick bestechend: Wenn ein Pflichtiger mehr Kinder zu unterhalten hat, wird er so behandelt, als hätte er weniger Einkommen. Allerdings ist dieses Verfahren durch die geringe Steigerung der Bedarfssätze zur jeweils höheren Einkommensgruppe zu statisch und führt nur in den unteren Einkommensbereichen zu vernünftigen Ergebnissen. Bei größeren Abweichungen von der „Normkinderzahl" oder höherem Einkommen fallen die Korrekturen zu gering aus[12].

Dazu kommt der störende Umstand, daß eine Umgruppierung nach oben in der Regel durch die Bedarfskontrollbeträge verhindert wird. Die Bedarfskontrolle muß dann nämlich am Kontrollbetrag der höheren Gruppe erfolgen[13], und dieser ist fast immer unterschritten, weil er eigentlich für ein höheres Einkommen ausgelegt ist[14].

Interdependenzen zwischen konkurrierenden Unterhaltsansprüchen, 1984. Lediglich *Puls* hatte schon früher wiederholt darauf aufmerksam gemacht, etwa DFGT-Referat S. 127 f.

11 Ausnahme: Tabelle des FamG Hamburg (bei *K/H-B/B*, 2. Aufl., Rdn 38 ff), die nach der Anzahl der Berechtigten differenziert.

12 Einige Gerichte stufen sogar grundsätzlich nur um höchstens eine Gruppe um (vgl. 3. Teil, I., Fußn. 44), was keinesfalls ausreichend ist.

13 So ausdrücklich Ziffer 19 der Hammer Leitlinien FamRZ 84, 963 (964).

14 Beispiel (beliebig gewählt): Einkommen 2500 DM (Gruppe 4), 1 Ehegatte und 1 zehnjähriges Kind unterhaltsberechtigt. Entnimmt man den Kindesunterhalt der nächst höheren Gruppe 5 (= 400 DM), liegt der Anteil des Pflichtigen (4/7) mit 1200 DM u n t e r dem Bedarfskontrollbetrag von 1320 DM. Der Kontrollbetrag der Gruppe 4 (1185 DM) wäre nicht unterschritten.

Die Bedarfskontrollbeträge erweisen sich nicht nur bei Umgruppierungen als Ärgernis. Sie sind so hoch angesetzt, daß der Konflikt bereits im Tabellen-Normalfall (ein Ehegatte, zwei Kinder) für einen großen Teil der Einkommenskonstellationen vorprogrammiert ist. Wenn sich die Kinder in den beiden höheren Altersstufen (7—18 Jahre) befinden und/oder das Einkommen des Pflichtigen im unteren Bereich einer Einkommensgruppe rangiert, wird der Bedarfskontrollbetrag rechnerisch zwangsläufig unterschritten und der Kindesunterhalt folglich heruntergestuft. Mit beliebig gegriffenen Beispielen kann man das leicht nachvollziehen. Damit setzt sich die Düsseldorfer Tabelle in Widerspruch zu sich selbst: Entweder sind die Bedarfskontrollbeträge zu hoch gewählt oder die Tabellenbeträge sind nicht wirklich für den Fall konzipiert, der lt. Anmerkung 1 der Normalfall sein soll. Die Lösung liegt im Verzicht auf das Institut des Bedarfskontrollbetrags[15]. In Mangelfällen ist er ohnehin obsolet, weil die Reduzierung des Kindesunterhalts in diesem Fall durch die Wahl eines anderen Einsatzbetrages erfolgt; in höheren Einkommensbereichen ist eine Kürzung des Kindesunterhalts nicht angebracht, weil die Bedarfsbeträge sowieso zu niedrig sind[16].

Es ist höchst zweifelhaft, ob die praktizierte Verknüpfung der unterschiedlichen Berechnungsmethoden für Kinder und Ehegatten überhaupt zu stimmigen Ergebnissen führen kann oder ob die Verfahren schon im Ansatz inkompatibel sind. Die Ausgangssituation ist folgende: Der Kindesunterhalt bewegt sich in einem Rahmen, der nach unten durch die Mindestbedarfssätze und nach oben durch das etwa 2,5fache dieser Sätze begrenzt ist. Der Ehegattenunterhalt ist der hM zufolge[17] nach unten wie oben unbegrenzt. Das könnte man damit rechtfertigen, daß Kindesbedarf leichter objektiviert und begrenzt werden kann[18] als der Bedarf eines Erwachsenen, der elastischer an die Lebensstellung gekoppelt ist. Abgesehen davon, daß diese Erklärungsmodelle angreifbar sind, lassen sich die unterschiedlichen Berechnungsmethoden damit allenfalls isoliert, nicht jedoch in Kombination rechtfertigen. Die Kombination führt nämlich zu widersprüchlichen Ergebnissen, je nachdem, welche Lebensstellung zugrunde gelegt wird. Bei niedrigem Einkommen erhalten die Kinder mehr als der Ehegatte, bei Wohlstand kommen sie zu kurz. Der Mindestbedarf garantiert ihnen durch seine Funktion als Einsatzbetrag in der Kürzungsrechnung einen Mindestanteil am verfügbaren Einkommen, während der Quotenanteil am verbleibenden Rest bis auf Null sinken kann. Mit steigendem Einkommen wächst der Kindesunterhalt, jedoch nur unterproportional bis zu seiner Höchst-

---

[15] Gleicher Ansicht die in Fußn. 4 Genannten.

[16] Dazu sogleich.

[17] Siehe II. Kap., Fußn. 36 und 42.

[18] Vgl. oben I. 2. a).

grenze, während der Ehegattenunterhalt überproportional dazu unbegrenzt steigt. Eine gewisse einkommensabhängige Disproportionalität zwischen Kindes- und Ehegattenbedarf ließe sich vielleicht rechtfertigen, weil im Mangelfall eher Opfer zugunsten der Kinder gebracht werden (sollten)[19], andererseits am Luxus eher die Erwachsenen partizipieren (sollten)[20]. Es widerspricht aber jedem tatsächlichen Konsumverhalten, daß im unteren Einkommensbereich der Ehegatte auf den Rest nach den Kindern gesetzt wird und im oberen Bereich umgekehrt die Kinder von jeglicher Teilhabe am höheren Lebensniveau ausgeschlossen sein sollen. Dieses Ergebnis wird durch die Kombination der Berechnungsverfahren suggeriert[21].

Abhilfe liegt in der Verwendung pauschaler Mindestbedarfssätze für Ehegatten, wie sie von einigen Gerichten bereits praktiziert wird[22]. Damit ist eine Untergrenze gezogen, die die Benachteiligung des berechtigten Ehegatten gegenüber den Kindern im Mangelbereich verhindert. Durch verhältnismäßige Kürzung der Mindestbedarfssätze erreicht man eine gleichbleibend ausgewogene Einkommensverteilung bis hinab in extreme Mangelsituationen. Freilich muß der Mindestbedarf in der Höhe sinnvoll abgestimmt sein; ein konstantes Verhältnis zwischen den Berechtigten ist nutzlos, wenn es konstant zu groß ist. Das ist zur Zeit der Fall: Der Mindestbedarf des berechtigten Ehegatten beträgt etwa das 3,5fache des Kindesbedarfs. Dieser Faktor erscheint zu hoch, zumal wenn man bedenkt, daß die früher üblichen Schlüssel den Frauenbedarf auf höchstens das Doppelte des Kindesbedarfs ansetzten. Über das Verhältnis kann man jedoch streiten; vielleicht wirkt der große Abstand nur momentan unbefriedigend, da man nach einer kinderfreundlichen Kürzungspraxis nunmehr den Ehegatten kraß bevorzugt und damit von einem Extrem ins andere fällt.

Durch den Gebrauch von Mindestbedarfssätzen als Einsatzbeträge ist nur die unproportionale Mangelverteilung verhindert. Das konstatierte Ungleichgewicht bei höherer Lebensstellung ist damit noch nicht beseitigt. Man beklagt zwar häufig, daß Kinder an blühenden Einkommensverhältnissen kaum teilhaben[23], wagt aber bislang keine Abhilfe. Vor einer gesetzlichen Änderung wird dies auch kaum möglich sein, weil

---

[19] So die Erklärung des OLG Bamberg FamRZ 81, 59.

[20] So BGH FamRZ 83, 473 (474).

[21] Auch *Hübner* S. 36 f. hält die Verfahren für inkompatibel, allerdings mit unbefriedigender Begründung; die fehlende Partizipation an höherer Lebensstellung bemängelt er auch, aber in anderem Zusammenhang (S. 38).

[22] Siehe II. Kap., Fußn. 34.

[23] *Puls* DFGT-Referat S. 125 f.; *Christian* ZBlJR 82, 559 (571); *Huvalé* ZBlJR 82, 577 (580 f.); *Hübner* S. 38. Gegen jede Teilhabe der Kinder „am Luxus" BGH FamRZ 83, 473 (474). Einem Zirkelschluß unterliegt BGH FamRZ 80, 665 (669): Gerade weil der Kindesunterhalt nach Düss. Tab. degressiv steige, verbiete sich eine Teilhabe der Kinder an höherem Einkommen.

die bestehende Praxis zu eingefahren ist. Eine Lösung für die Zukunft liegt in einer Aufstockung der niedrigen Tabellensätze durch ein System der Überschußverteilung, wie es oben bereits vorgestellt wurde[24]. Das bedeutet zwar auch eine Kombination der Prinzipien „Tabellenunterhalt" und „Quotenunterhalt", aber in anderer Zusammensetzung. Die anzuwendende Methode darf nicht wie bisher vom Status des Berechtigten abhängen, sondern muß sich nach dem verfügbaren Einkommen richten: Fixe Beträge (Mindestbedarfssätze) für bescheidene Einkommensverhältnisse, quotale Aufteilung für finanziellen Wohlstand. Nur diese Kombination gewährleistet eine sinnvolle Konkurrenzlösung. Im einzelnen sähe das Konzept so aus, daß für alle Berechtigten ein pauschaler Mindestbedarf festgesetzt wird, der entweder verhältnismäßig gekürzt oder bei ausreichendem Einkommen voll gedeckt wird. Stehen weitere Geldmittel zur Verfügung, erhält jedes Mitglied der Unterhaltsgemeinschaft — also auch der Verpflichtete — in einem zweiten Verteilungsschritt einen feststehenden Anteil am Überschuß zusätzlich zu seinem bereits gedeckten Mindestbedarf. Somit setzt sich der volle Unterhalt aus dem Mindestbedarf und einem quotalen Überschußanteil zusammen. Dieses System berücksichtigt in optimaler Weise die Konkurrenzsituation, weil die Anzahl der Unterhaltsberechtigten auf die Höhe des Überschußanteils unmittelbar Einfluß hat. Es erstreckt den großen Vorteil der Quotenmethode, nämlich eine stufenlose, geschmeidige Anknüpfung an die Lebensverhältnisse zu ermöglichen, auf *alle* Unterhaltsberechtigten. Schließlich läßt sich durch geschickte Bestimmung des Verteilungsschlüssels das „Innenverhältnis" der Berechtigten untereinander so ausgestalten, wie es annähernd in der intakten Unterhaltsfamilie ausgesehen hat. Ein bestimmter Schlüssel soll hier nicht vorgeschlagen werden; die angemessene Punkteverteilung hängt auch vom Verhältnis der Mindestbedarfssätze ab. Jedenfalls darf die Punkterelation zwischen Erwachsenem und Kind nicht zu groß sein, damit nicht mit steigendem Einkommen die „Schere" zwischen Kinder- und Ehegattenunterhalt genausoweit auseinanderklafft wie im derzeitigen Verteilungsmodus[25]. Den nötigen „Abstand" zwischen Kind und Erwachsenem wahrt schon der Mindestbedarfssatz als Bestandteil des Gesamtunterhalts. Sofern man eine Sättigungsgrenze für notwendig erachtet, kann

---

[24] 3. Teil, I. Kap. a. E. In den Grundzügen entspricht dieses Konzept dem „Kasseler Modell", vgl. 1. Teil, II. 2. c) a. E. Der Vorentwurf eines Gesetzes zur Neuordnung des Unterhaltsrechts plant ebenfalls eine Kombination aus Grundbedarf und Überschußanteilen (§ 1604 a Entw.). Die Ausgestaltung im einzelnen ist kompliziert und soll wegen ihres vorläufigen Charakters hier nicht diskutiert werden. Ein ähnliches Verfahren schlägt auch *Huvalé* ZBlJR 82, 577 (586 f.) vor.

[25] Deshalb kann man auch n i c h t den Überschuß im Verhältnis der Mindestbedarfssätze verteilen, wie *Spangenberg* DAVorm 80, 769 ff. und *Hübner* S. 42 ff. vorgeschlagen haben.

man diese durch ein Vielfaches des Mindestbedarfs definieren oder auch den Verteilungsschlüssel für Spitzeneinkommen modifizieren.

Eine mögliche Unverträglichkeit dieses Systems mit der bestehenden Rangordnung im Falle verschiedenrangiger Ansprüche wird im folgenden Abschnitt behandelt.

2. Konkurrenz verschiedenrangiger Unterhaltsansprüche

Nachrangig berechtigt gegenüber den Mitgliedern der Kernfamilie sind

— ein neuer Ehegatte unter den regelmäßig vorliegenden Voraussetzungen des § 1582 S. 1 und 2

— volljährige oder verheiratete Kinder sowie entferntere Verwandte. Dabei sind Ansprüche volljähriger Kinder, die noch in der Berufsausbildung stehen, die praktisch häufigste Fallgestaltung und hier vorrangig von Interesse.

Der Nachrang des gegenwärtigen Ehegatten besteht nur relativ gegenüber dem geschiedenen Ehegatten; gegenüber Kindern besteht in jedem Fall Gleichrangigkeit, gleichgültig aus welcher Ehe die Kinder stammen. Deshalb löst die Praxis diese Konstellation mit dem Berechnungsmodus für Gleichrangigkeit und füllt in einem zweiten Berechnungsschritt den Bedarf des geschiedenen Ehegatten aus dem errechneten Anteil des neuen Ehegatten auf, womit dem relativen Rangunterschied zwischen den beiden berechtigten Ehegatten entsprochen wäre[26].

Somit verbleibt als wichtigster Fall einer absoluten Nachrangigkeit die Konkurrenz von Mitgliedern der Kernfamilie und volljährigen Kindern.

Der Unterhaltsanspruch eines nachrangig Berechtigten wird erst erfüllt, wenn alle vorrangigen Unterhaltsgläubiger befriedigt sind. Solange deren Bedarf nicht voll gedeckt werden kann, geht der nachrangige Gläubiger völlig leer aus[27]. Im Hinblick auf die Berechnungs-

---

[26] Diese Berechnungsmethode ist ein verzweifelter Versuch, der verunglückten Vorschrift des § 1582 irgendwie gerecht zu werden. Das vom Rechtsausschuß des Bundestages angebotene Berechnungsbeispiel (BT-Drucks 7/4361, S. 33 f.) ist fehlerhaft, wie *Dieckmann*, FamRZ 77, 81 (164) und *Schwab*, Handbuch Rdn 360 f. nachgewiesen haben. Die vorgeschlagenen Alternativen können das Problem genausowenig lösen, weil die Vorschrift logisch Unmögliches verlangt: Ein relativer Nachrang in einem Dreiecksverhältnis führt im Ergebnis zwingend zu einer Verletzung des Gleichrangs an anderer Stelle; das erkennen richtig Göppinger / *Wenz* Rdn 1278, MünchKomm / *Köhler* § 1609 Rdn 3, *Beitzke* § 20 III 7 c) und *Rassow* FamRZ 80, 541 (542). Originellerweise gesteht der Vorentwurf des BMJ zur Neuordnung des Unterhaltsrechts selbst ein, daß das gegenwärtige relative Rangverhältnis nicht lösbar ist (S. 124).

[27] Unstreitig; vgl. nur Göppinger / *Wenz* Rdn 1258.

methode bedeutet das: Der nachrangige Berechtigte kann nur aus dem Finanzpotential befriedigt werden, das nach Abzug des Kindesunterhalts, der Ehegattenquote (unter Beachtung des Ehegattenmindestbedarfs) sowie des eigenen angemessenen Selbstbehalts des Verpflichteten noch verbleibt. Es läßt sich leicht ausrechnen, daß bei voller Bedürftigkeit der vorrangigen Gläubiger erst in begüterten Einkommensverhältnissen an einen realisierbaren Anspruch zu denken ist; angesichts 1300 DM Selbstbehalt und 50 % Ehegattenunterhalt beginnt die Unterhaltsquelle für ein volljähriges Kind erst zu sprudeln, wenn das Einkommen des Verpflichteten *nach* Abzug des Unterhalts für die minderjährigen Kinder den Betrag von 2600 DM übersteigt.

Der Bedarf eines Volljährigen wird von der Düsseldorfer Tabelle danach festgelegt, ob das Kind im elterlichen Haushalt lebt oder bereits einen eigenen Haushalt begründet hat[28]. Im ersten Fall werden die Tabellenbeträge der dritten Altersstufe (13—18 Jahre) als Ausgangswert genommen und um den Differenzwert zwischen der zweiten und dritten Altersstufe erhöht. Für den anderen Fall, der insbesondere auswärts studierende Kinder betrifft, wird ein pauschaler Bedarf von 800 DM angesetzt. Diese Werte scheinen nicht miteinander abgestimmt zu sein[29]; der Eindruck verstärkt sich, wenn man den Mindestbedarf eines Ehegatten — der ja auch ein volljähriger Berechtigter ist — in Relation dazu setzt: Er beträgt 990 DM für einen erwerbstätigen Haushaltsvorstand, 745 DM bei gemeinsamem Haushalt mit dem Verpflichteten. Der familienrechtliche Status als Verwandter oder als Ehegatte hat keinen Einfluß auf die Mindestbedarfshöhe; die erheblichen Differenzen sind damit nicht zu erklären. Gänzlich unberücksichtigt bleibt der Umstand, daß ein Volljähriger kaum noch sorgebedürftig ist. Die Kindesunterhaltstabelle beruht auf der Gleichwertigkeitsprämisse (§ 1606 III 2), d. h. der ausgewiesene Barunterhalt entspricht wertmäßig dem Betreuungsunterhalt, den der sorgeberechtigte, nicht barunterhaltspflichtige Elternteil beiträgt[30]. Die Tabelle wird für Volljährige, die gar keines Betreuungsunterhalts bedürfen, in der dargestellten Weise fortgeschrieben, ohne daß das Schicksal des komplementären Naturalunterhalts geklärt ist: Fällt der Wert ersatzlos fort oder wird er nunmehr monetarisiert und dem Barbedarf zugeschlagen[31]? Der 800-DM-Bedarfsansatz für

---

[28] Anm. 7 zur Düss. Tabelle.

[29] So auch *Puls* ZBlJR 82, 603 (609).

[30] Siehe nur BGH FamRZ 78, 177 (178); Hammer Leitlinien Ziff. 22, FamRZ 84, 963 (964).

[31] Offengelassen von OLG Hamburg FamRZ 81, 71; Unverständlich: *Weychardt* DAVorm 84, 81 (86), der den monetarisierten Naturalunterhalt abziehen will!? Richtig dagegen *Diederichsen* S. 140 und *Henrich* S. 115: Verdoppelung des Barunterhalts.

ein Kind mit eigenem Haushalt läßt sich weder auf die eine noch die andere Weise plausibel machen[32].

Diese Bestandsaufnahme läßt sich kaum in eine stimmige Neukonzeption umwandeln. Aus verschiedenen Gründen ist das auch gar nicht ratsam; vielmehr ist es angezeigt, die Unterhaltsansprüche volljähriger Kinder aus dem Bemessungssystem ganz herauszunehmen und nach eigenen Kriterien zu bemessen. Es gibt nämlich maßgebende Unterschiede in der Struktur dieser Ansprüche, die eine systemkonforme Bemessung unpraktikabel erscheinen lassen: Volljährige Kinder, die unterhaltsbedürftig sind, befinden sich entweder in der Ausbildung zu einem Beruf oder sind nach abgeschlossener Ausbildung erwerbslos. In beiden Fällen richtet sich das Maß des Unterhalts nicht oder nicht ausschließlich nach dem Einkommen des Unterhaltsverpflichteten. In der Ausbildungsphase umfaßt der Lebensbedarf nach § 1610 II „die Kosten einer angemessenen Vorbildung zu einem Beruf" — nicht die angemessenen Kosten einer Vorbildung! Es kommt demnach darauf an, ob die Ausbildung nach Eignung und Neigung des Kindes „angemessen" ist. Dann gehören die objektiv erforderlichen Aufwendungen zum Bedarf; eine Anknüpfung an die familiären Lebensverhältnisse ist entbehrlich[33]. Bei Studenten kommt ein weiterer Umstand hinzu: Sie bilden eine vergleichsweise homogene gesellschaftliche Gruppe mit starken Egalisierungstendenzen. Soziologisch spricht man von einer studentischen Subkultur[34]. Deshalb läßt sich durchaus eine spezifische Lebensstellung der Mitglieder dieser Gesellschaftsgruppe bejahen[35]. Nichts anderes drückt der pauschale Bedarfsansatz von 800 DM aus. Es spricht also einiges dafür, die Lebensstellung volljähriger Kinder in der Ausbildung nicht mehr von den Eltern abzuleiten[36]. *Nach* der Ausbildung hat das Kind mit dem berufsqualifizierenden Abschluß ohnehin eine eigene Lebensstellung erreicht, die fortan den Umfang seiner Unterhaltsansprüche bestimmt. Sollte es bedürftig bleiben oder werden, ist eine Anknüpfung an elterliche Einkommensverhältnisse ausgeschlossen[37]. Mangels eigener die Lebensstellung prägender Einkünfte muß sich das Kind notfalls auf niedrigstem Niveau einordnen lassen.

---

32 *Henrich* S. 115 versteht den Betrag offenbar als Verdoppelung des Tabellenbetrages einer mittleren Einkommensgruppe.

33 *Hübner* S. 97.

34 *Moritz* JZ 80, 16 (19).

35 Ebenso: KG FamRZ 79, 64 (65); FamRZ 82, 516; Göppinger / *Wenz* Rdn 921 mit Fußn. 10.

36 In diesem Sinne KG aaO; OLG Hamburg FamRZ 81, 71; OLG Köln FamRZ 81, 809 (810); *Moritz* JZ 80, 16 (19); *Christian* ZBlJR 82, 559 (572); in der Tendenz ähnlich: OLG Karlsruhe FamRZ 81, 1195 (1196) mit insoweit zust. Anm. von *Bosch;* MünchKomm / *Köhler* § 1610, Rdn 22 und *ders.* Handbuch Rdn 38; OLG Stuttgart FamRZ 81, 993 (994) dehnt diese Tendenz sogar auf noch nicht 18jährige Minderjährige aus, zust. *Puls* ZBlJR 82, 603 (615 f.).

37 So *Holzhauer* S. 4 f.; a. A. *Göppinger* UnterhaltsR, Rdn 670.

Aus diesen Gründen paßt der Unterhaltsanspruch des volljährigen Kindes nicht in die Systematik der Düsseldorfer Tabelle, die den Unterhaltsbedarf allein an das Einkommen des Pflichtigen knüpft. Richtigerweise sollte der einheitliche Studentenbedarfssatz als Richtschnur für *alle* volljährigen Auszubildenden unabhängig vom Elterneinkommen herangezogen werden und nach den tatsächlichen Gegebenheiten des Einzelfalls modifiziert werden[38] (Abzug bei Gewährung von Naturalunterhalt in Form von Unterkunft und/oder Verpflegung, Berücksichtigung des hohen Mietniveaus in Universitätsstädten etc.).

Schließlich ist auf eine Gefahr hinzuweisen, die nachrangigen Unterhaltsgläubigern droht, wenn eine gesetzgeberische Reform die oben angedeutete Richtung einschlagen sollte. Eine erweiterte Teilhabe der minderjährigen Kinder in Form einer Überschußverteilung verschlechtert die schon jetzt minimalen Erfolgschancen nachrangiger Bedürftiger um ein weiteres. Schlimmstenfalls wird das gesamte Einkommen in der Kernfamilie verteilt, ohne daß nachrangige Kinder überhaupt zum Zuge kommen. Dieser Gefahr läßt sich auf unterschiedliche Weise begegnen. Einmal sind Mechanismen denkbar und ggf. einzubauen, die eine vollständige Aufteilung des Einkommens unter den erstrangig Berechtigten verhindern. So läßt sich in angemessener Höhe eine vorläufige Sättigungsgrenze ziehen, jenseits derer überschüssiges Einkommen den nachrangigen Anspruchstellern zufließt. Wenn deren Grundbedarf gedeckt ist, mag wiederum die Kernfamilie zum Zuge kommen, falls immer noch überschüssige Finanzmittel verfügbar sind. Im einzelnen sind der Phantasie des Gesetzgebers hier keine Grenzen gesetzt.

Zum anderen kann man de lege ferenda an eine Neuordnung der Rangverhältnisse denken und dem volljährigen Kind in der Ausbildung den gleichen Rang wie seinen minderjährigen Geschwistern einräumen[39]. Diese Möglichkeit wird sogar de lege lata erwogen, was auf eine verbreitete Unzufriedenheit mit der geltenden Regelung deutet[40]. In der Tat hat sich seit der Reduzierung des Volljährigkeitsalters eine störende Inkongruenz von Recht und Lebenswirklichkeit ergeben, weil in der Regel mit 18 Jahren noch kein berufsqualifizierender Abschluß erreicht

---

[38] So OLG Hamburg FamRZ 81, 71; Leitlinien des OLG Celle NJW 84, 282 (283).

[39] Dafür: *Puls* ZBlJR 82, 603 (621); *Weychardt* DAVorm 84, 81 (84), Fußn. 11; Vorentwurf des BMJ, § 1604 g I.

[40] Vgl. die Diskussion im AK 6 des 5. DFGT 1983, Berichte S. 113 f. Bezeichnende Beispiele aus der Rspr.: OLG Frankfurt / Main FamRZ 84, 176 hält den Nachrang für dispositiv und sieht § 1609 II als stillschweigend abbedungen an, wenn Eheleute vor der Trennung beschlossen haben, ihrem volljährigen Kind ein Studium zu finanzieren; OLG Köln FamRZ 81, 966 (967) zieht den Unterhalt einer Volljährigen v o r der Quotierung vom Einkommen ab. G e g e n derartige Bestrebungen jedoch BGH FamRZ 84, 683 (685).

ist, im Gegenteil die Ausbildungsgänge im Vergleich zu früher länger dauern[41]. Trotz anhaltender Bedürftigkeit fällt das Kind mit der Vollendung des 18. Lebensjahres in ein „unterhaltsrechtliches Vakuum“[42]. *Roth-Stielow*[43] hält die geltende Rangordnung sogar für verfassungswidrig, weil allein die Volljährigkeit keinen sachlichen Grund für eine derart tiefgreifende Ungleichbehandlung von Volljährigen und Minderjährigen darstelle.

Da mithin das Bedürfnis, die Stellung volljähriger Kinder zu verbessern, mit berechnungstechnischen Erfordernissen Hand in Hand geht, sollte der Reformgesetzgeber nicht zögern, den Nachrang des Volljährigen aufzuheben. Eine solche Steigerung der familiären Unterhaltslast erfordert eine Kompensation zu Lasten der staatlichen Gemeinschaft, die ja durch ersparte BAföG-Leistungen der volkswirtschaftliche Nutznießer einer solchen Regelung wäre. Der Ausgleich liegt darin, daß alle übrigen nachrangigen Gläubiger (Enkel, Eltern usw.) praktisch endgültig der staatlichen Daseinsvorsorge überlassen sind, da ihr privatrechtlicher Unterhaltsanspruch angesicht einer erweiterten Kernfamilie in der Regel nicht mehr realisierbar ist. Daß damit viele Regreßprobleme[44] sich erübrigen, ist noch eine erfreuliche Begleiterscheinung.

---

[41] Vor dieser Konsequenz hatte *Bosch* FamRZ 73, 489 (497) eindringlich gewarnt.

[42] *Puls* ZBlJR 82, 603 (621).

[43] ZBlJR 82, 331 (335); gegen ihn *Brühl* FamRZ 82, 985.

[44] Insbesondere durch die Neufassung des § 91 I BSHG hervorgerufen, vgl. *Holzhauer* S. 4 mit Nachw. z. Problemstand.

Literaturverzeichnis

Achterberg, Norbert: Probleme der Funktionenlehre, München 1970.

Becker, Walter: Der Unterhaltsanspruch des unehelichen Kindes, MDR 1962, S. 613—616.

— Die Berechnung des Unterhalts für nichteheliche Kinder, ZBlJR 1971, S. 281—290.

Beitzke, Günther: Familienrecht, 23. Aufl. München 1983.

Böckenförde, Ernst-Wolfgang: Die Organisationsgewalt im Bereich der Regierung, Berlin 1964.

Bosch, Friedrich Wilhelm: Anmerkung zum Urt. d. LG Deggendorf v. 30. 1. 57 — S 113/56 — FamRZ 57, 178; FamRZ 1957, S. 181.

— Welche Anforderungen sind an eine Reform des Rechts des unehelichen Kindes zu stellen? Gutachten für den 44. Deutschen Juristentag, Hannover 1962.

— Volljährigkeit — Ehemündigkeit — Elterliche Sorge. Kritische Gedanken zu mehreren Gesetzentwürfen, FamRZ 1973, S. 489—508.

— Anmerkung zum Beschl. d. OLG Karlsruhe v. 22. 9. 81 — 18 UF 133/81 — FamRZ 81, 1195; FamRZ 1981, S. 1196.

Brettner: Der gegen den natürlichen Vater gerichtete Anspruch im Lichte der Praxis, DR 1904, S. 493—496.

Brühl, Günter: Unterhaltsrecht, 2. Aufl. Bielefeld 1963.

— Primäre und sekundäre Gesichtspunkte für die Billigkeitsentscheidung nach § 1361 I BGB, FamRZ 1965, S. 533—541.

— Das allgemeine Verwandten-Unterhaltsrecht und der Unterhaltsanspruch des unehelichen Kindes gegen den Vater, FamRZ 1966, S. 541—546.

— Verfassungswidrige Unterhaltsbenachteiligung volljähriger Kinder?, FamRZ 1982, S. 985—987.

Brühl, Günter / *Göppinger,* Horst / *Mutschler,* Dietrich: Unterhaltsrecht, 3. Aufl., 1. Teil: Das materielle Unterhaltsrecht, Bielefeld 1973; 2. Teil: Das Verfahrensrecht, Bielefeld 1976.

Buchholz, Heinrich: Anpassung der Unterhaltsrechtsprechung an veränderte Lebensbedingungen, JR 1951, S. 14—17.

Büttner, Helmut: Abzugs-, Differenz- und Summenmethode — Zur Berechnungsmethode bei der Bemessung des Aufstockungsunterhalts —, FamRZ 1984, S. 534—539.

Bundesministerium der Justiz: Referentenentwurf eines Gesetzes über die rechtliche Stellung der unehelichen Kinder, Bielefeld 1966.

— Vorentwurf eines Gesetzes zur Neuordnung des Unterhaltsrechts und zur Änderung anderer Vorschriften, Stand 1. Oktober 1982 (vervielfältigtes Typoskript) (zitiert: Vorentwurf).

Bursch, Gustav-Adolf: Zum Unterhaltsanspruch minderjähriger ehelicher Kinder, NJW 1968, S. 429—433.

— Zur Praxis des Unterhaltsrechts in Hamburg, Hamburg 1971.

Christian, Ingeborg: Gerechtigkeit durch (Unterhalts-)Tabellen?, ZBlJR 1982, S. 559—576.

— Die Berechnung und Geltendmachung des Mangels im Unterhaltsrecht, DAVorm 1984, Sp. 523—548.

Christl, Gerhard: Quotenunterhalt und Bedarfskontrolle, NJW 1982, S. 961—969.

— Revisible Erfahrungssätze in Unterhaltstabellen, NJW 1984, S. 267—271.

Coing, Helmut: Zur Ermittlung von Sätzen des Richterrechts, JuS 1975, S. 277—283.

Conrad, Hermann: Die Stellung der unehelichen Kinder in der neuzeitlichen Privatrechtsentwicklung Deutschlands, Frankreichs, Österreichs und der Schweiz, FamRZ 1962, S. 322—329.

Dendorfer, Otto: Warum so anmaßend und unsachlich? Gedanken zu einem Landgerichtsbeschluß, ZBlJR 1968, S. 160—162.

Deutscher Familienverband e. V., Bezirksverband München: Was kostet eigentlich ein Kind?, DAVorm 1983, Sp. 699—707.

Deutscher Juristentag: Verhandlungen des 44. Deutschen Juristentages Bd. I (Gutachten) Hannover 1962, Bd. II (Sitzungsberichte) Hannover 1964, Verhandlungen des 48. Deutschen Juristentages Bd. I (Gutachten) München 1970.

Dieckmann, Albrecht: Die Unterhaltsansprüche geschiedener und getrenntlebender Ehegatten nach dem 1. EheRG vom 14. Juni 1976, FamRZ 1977, S. 81—105, 161—172.

— Zur Bestimmung des Selbstbehalts ... eine Entgegnung, DAVorm 1979, Sp. 553—562.

— Der Selbstbehalt — Versuch einer systematischen Einordnung, in: Dritter Deutscher Familiengerichtstag, Ansprachen und Referate, Bielefeld 1981, S. 41—73 (zitiert: DFGT-Referat).

Diederichsen, Uwe: Die Flucht des Gesetzgebers aus der politischen Verantwortung im Zivilrecht, Karlsruhe 1974.

— Das Recht der Ehescheidung und der Scheidungsfolgesachen, 5. Aufl., Köln 1982.

Dölle, Hans: Familienrecht, Band 1, Karlsruhe 1964.

Ehlert, Günter: Ehegattenunterhalt nach Tabelle, FamRZ 1980, S. 1083—1087 und FamRZ 1982, S. 131.

Engisch, Karl: Die Idee der Konkretisierung in Recht und Rechtswissenschaft unserer Zeit, Heidelberg 1953.

Erman, Walter: Handkommentar zum Bürgerlichen Gesetzbuch, 7. Aufl., Münster 1981 (zitiert: Erman / Bearbeiter).

Esser, Josef: Grundsatz und Norm in der richterlichen Fortbildung des Privatrechts, Tübingen 1956.

Euler, Manfred: Nochmals: Zur Bemessung des Bedarfs im Unterhaltsrecht, FamRZ 1972, S.. 623—624.

— Zur Problematik der Ermittlung des Unterhaltsbedarfs und der Unterhaltskosten eines Kindes, WiSta 1974, S. 320—324.

Fischer, Robert: Die Weiterbildung des Rechts durch die Rechtsprechung, Karlsruhe 1971.

Frank, Werner / *Zeller*, Hans: Die Anwendung von „Unterhaltsschlüsseln" bei der Ermittlung der Höhe des dem nichtehelichen Kind gegen seinen Vater zustehenden Unterhaltsanspruchs („Individualunterhalt"), FamRZ 1971, S. 354—359.

Frese: Die Höhe der Geldrenten zum Unterhalt unehelicher Kinder, DJZ 1908, Sp. 1009—1015.

Gernhuber, Joachim: Neues Familienrecht. Eine Abhandlung zum Stil des jüngeren Familienrechts, Tübingen 1977 (zitiert: Neues Familienrecht).

— Lehrbuch des Familienrechts, 3. Aufl., München 1980 (zitiert: Lehrbuch).

— Der Richter und das Unterhaltsrecht, FamRZ 1983, S. 1069—1079.

Göhring, Hans-Joachim: Aktuelle Fragen zum Unterhaltsrecht, FamRZ 1969, S. 512—515.

Göppinger, Horst: Zur Bemessung des Unterhalts der Frau (§ 1361 BGB), DRiZ 1968, S. 299—303.

— Unterhaltsrecht. Begr. v. Günter Brühl, 4. Aufl. von H. Göppinger, O. Häberle, R. Märkle, K. Roth-Stielow, V. Stöckle, P. Wax und E. Wenz, Bielefeld 1981 (zitiert: Göppinger UnterhaltsR bzw. Göppinger / Bearbeiter).

Griesche, Gerhard: Übersicht über die Rechtsprechung zum neuen Unterhaltsrecht gemäß dem 1 .EheRG, FamRZ 1981, S. 423—427, 841—851, 1025—1036.

Gröning, Werner: Elementarunterhalt und Vorsorgeunterhalt, FamRZ 1984, S. 736—741.

Hahne, Meo-Micaela: Zur Rechtsprechung des Bundesgerichtshofes zum Kindesunterhalt, ZBlJR 1982, S. 621—630.

Hampel, Herbert: Einleitende Bemerkungen zu den „Leitlinien der Familiensenate des Oberlandesgerichts Hamm zum Unterhaltsrecht", FamRZ 1978, S. 849—850; FamRZ 1980, S. 21—24; FamRZ 1981, S. 1209—1211.

— Quotenunterhalt und voller Unterhalt des geschiedenen Ehegatten gemäß den ehelichen Lebensverhältnissen, FamRZ 1981, S. 851—854.

— Zur Bemessung des Ehegattenunterhalts — Kritische Auseinandersetzung mit der Rechtsprechung des BGH — FamRZ 1984, S. 621—633.

Hasenclever, Christa: Jugendhilfe und Jugendgesetzgebung seit 1900, Göttingen 1978.

Hattenhauer, Hans: Die geistesgeschichtlichen Grundlagen des deutschen Rechts: zwischen Hierarchie und Demokratie; 2. Aufl., Heidelberg/Karlsruhe 1980.

Haueisen, Fritz: Zahlenmäßige Konkretisierung („Quantifizierung") unbestimmter Rechtsbegriffe, NJW 1973, S. 641—645.

Heck, Philipp: Begriffsbildung und Interessenjurisprudenz, Tübingen 1932.

Heidelberger Empfehlungen zum Unterhaltsrecht. Vorläufige Vorschläge für die Bemessung des Unterhalts nach neuem Recht, DAVorm 1970, Sp. 241—254.

Henrich, Dieter: Aktuelle Probleme des Unterhaltsrechts, 3. Aufl., Köln 1982.

Henseling, Jakob: Die Unterhaltsrechtsprechung des Landgerichts in Kassel 1957—1967; Kassel 1968.

Hesse, Konrad: Grundzüge des Verfassungsrechts der Bundesrepublik Deutschland, 14. Aufl., Heidelberg 1984.

Hilger, Marie Luise: Überlegungen zum Richterrecht, in: Festschrift für Karl Larenz zum 70. Geburtstag, München 1973, S. 109—123.

Hirsch, Joachim: Richterrecht und Gesetzesrecht, JR 1966, S. 334—342.

Holzhauer, Heinz: Die Neuregelung des Unterhalts Geschiedener, JZ 1977, S. 73—78.

— Familien- und Erbrecht, Freiwillige Gerichtsbarkeit, Frankfurt a. Main 1984.

v. Hornhardt, Rudolf: Differenz- oder Anrechnungsmethode bei der Berechnung des Ehegattenunterhalts, NJW 1982, S. 17—18.

Hübner, Heinrich: Interdependenzen zwischen konkurrierenden Unterhaltsansprüchen, Berlin 1984.

Huvalé, Victor: Reform des Unterhaltsrechts? ZBlJR 1971, S. 50—56.

— „Gerechtigkeit durch Unterhaltstabellen?" — aus der Sicht des Jugendamtes, ZBlJR 1982, S. 577—590.

Ipsen, Jörn: Richterrecht und Verfassung, Berlin 1975.

Jäger, Georg: Gerechtigkeit durch Unterhaltstabellen, ZBlJR 1982, S. 590—603.

Jansen, Ludwig / *Knöpfel*, Gottfried: Das neue Unehelichengesetz, Frankfurt a. Main/Berlin 1967.

Kalthoener, Elmar / *Haase-Becher*, Inga / *Büttner*, Helmut: Die Rechtsprechung der Landgerichte zur Höhe des Unterhalts, München 1975; 2. Aufl. unter dem Titel: Die Rechtsprechung zur Höhe des Unterhalts, München 1979 (zitiert: K/H-B/B, Auflage).

Kant, Immanuel: Werkausgabe, hrsg. v. W. Weischedel, Bd. 8: Die Metaphysik der Sitten, Frankfurt/Main 1968.

Keller, Max: Die Empfehlungen des Jugendamtes des Kantons Zürich zur Bemessung von Unterhaltsbeiträgen für Kinder, SJZ 1977, S. 181—185.

Kisker, Gunter: Neue Aspekte im Streit um den Vorbehalt des Gesetzes, NJW 1977, S. 1313—1320.

Knöpfel, Gottfried: Anregungen aus dem skandinavischen Recht für die deutsche Unehelichenrechts-Reform, FamRZ 1966, S. 408—418.

Köhler, Wolfgang: Mindestunterhalt unehelicher Kinder in der Praxis der Berufungskammern der Landgerichte, FamRZ 1962, S. 184—185.

— 20 Jahre Düsseldorfer Tabelle, FamRZ 1982, S. 130.

— Handbuch des Unterhaltsrechts, 6. Aufl., München 1983 (zitiert: Handbuch, bei Voraufl. zusätzl. Auflage/Jahr).

Krause, Engelbert: Die gegenseitigen Unterhaltsansprüche zwischen Eltern und Kindern in der deutschen Privatrechtsgeschichte, Frankfurt a. Main/ Bern 1982.

Kriele, Martin: Theorie der Rechtsgewinnung, 2. Aufl., Berlin 1976.

Lange, Hermann: Ein Reformvorschlag zum Unehelichenrecht, JZ 1966, S. 727 —733.

Larenz, Karl: Der Richter als Gesetzgeber? in: Grundfragen der gesamten Strafrechtswissenschaft. Festschrift für Heinrich Henkel zum 70. Geburtstag, Berlin/New York 1974, S. 31—45 (zitiert: Larenz, Henkel-FS).

— Methodenlehre der Rechtswissenschaft, 5. Aufl. Berlin/Heidelberg/New York/Tokyo 1983.

Leenen, Detlef: Typus und Rechtsfindung, Berlin 1971.

Lehmann, Heinrich: Deutsches Familienrecht, 2. Aufl., Berlin 1948.

Leineweber, Anke: Die rechtliche Beziehung des nichtehelichen Kindes zu seinem Erzeuger in der Geschichte des Privatrechts, Königstein/Ts. 1978.

Leitner, Ute: „Was kostet ein Kind?" — Bericht über eine gutachtliche Äußerung des Deutschen Vereins über Verfahren zur Ermittlung der Lebenshaltungskosten und des Lebenshaltungsbedarfs von Kindern, NDV 1982, S. 154—160.

Link: Die Unterhaltssätze für uneheliche Kinder nach der Praxis der deutschen Amtsgerichte, Lübeck 1911.

— Die Bemessung des notdürftigen Unterhalts bei Lohnpfändungen, DR 1911, Sp. 484—485.

— Unterhaltssätze für uneheliche Kinder, DJZ 1912, Sp. 273—275.

Lohmann, Friedrich: Neue Rechtsprechung des Bundesgerichtshofs zum Familienrecht, 3. Aufl., Köln 1983.

Lotz, Valentin: Der Unterhaltsanspruch der Ehegatten, Diss. jur. Giessen; Rostock 1905.

Lüderitz, Alexander: Empfiehlt es sich, Gründe und Folgen der Ehescheidung neu zu regeln? Gutachten für den 48. Deutschen Juristentag, München 1970.

Lutz, Fritz: Zum Unterhaltsanspruch ehelicher und unehelicher Kinder, JW 1934, S. 1768—1769.

Mager, Siegfried: Nürnberger Tabelle — Raster zur Ermittlung des Lebensbedarfs und des Vorsorgeunterhalts im Rahmen gesetzlicher Unterhaltsverhältnisse — Stand: 1. 1. 1982, Nürnberg 1982.

Maier-Reimer, Hedwig: Empfiehlt es sich, Gründe und Folgen der Ehescheidung neu zu regeln? Gutachten für den 48. Deutschen Juristentag, München 1970.

Massfeller, Franz: Das großdeutsche Ehegesetz vom 6. Juli 1938, 2. Aufl., Berlin 1939.

Millauer, Horst: Zur Bemessung des Frauen-Unterhalts, NJW 1967, S. 1061—1065.

Mohrmann, Hilda: Berechnungsgrundlagen für die Unterhaltssätze unehelicher Kinder, ZBlJR XVI (1924/25), S. 281—284.

Morawietz, Wolfgang: Anmerkung zum Beschluß des OLG Düsseldorf vom 20. 12. 76 — 4 W 60/76 — FamRZ 77, 203; FamRZ 1977, S. 546—547.

Moritz, Heinz Peter: Dauer und Höhe des zivilrechtlichen Unterhaltsanspruchs Auszubildender, JZ 1980, S. 16—21.

Motive: Motive zu dem Entwurfe eines Bürgerlichen Gesetzbuches für das Deutsche Reich, Band IV, Familienrecht, Berlin/Leipzig 1888.

Müller, Erich: Berechnung des Mindestunterhaltssatzes für uneheliche Kinder, ZBlJR XVI (1924/25), S. 177—179.

Müller-Freienfels, Wolfram: Zur Unterschätzung der Überschätzungen unterhaltsrechtlicher Steigerungsmöglichkeiten, in: Festschrift für Günther Beitzke zum 70. Geburtstag, Berlin/New York 1979, S. 311—355.

v. Münch, Ingo: Grundgesetz-Kommentar Bd. 1, 2. Aufl., München 1981 (zitiert: v. Münch / Bearbeiter).

Münchener Kommentar zum Bürgerlichen Gesetzbuch, Band 5: Familienrecht, München 1978; Ergänzungsband (Loseblattausgabe) Stand April 1984 (zitiert: MünchKomm / Bearbeiter).

Mutschler, Dietrich: Zur Bemessung des Bedarfs im Unterhaltsrecht, FamRZ 1972, S. 345—349.

— Anmerkung zum Beschluß des OLG Düsseldorf vom 20. 12. 76 — 4 W 60/76 — FamRZ 77, 203; FamRZ 1977, S. 397—399.

Odersky, Felix: Nichtehelichen-Gesetz, 4. Aufl., Bielefeld 1978.

Pabst, Jürgen: Zur Bemessung des Frauenunterhalts, NJW 1967, S. 2248—2250.

Palandt: Bürgerliches Gesetzbuch, 44. Aufl., München 1985 (zitiert: Palandt / Bearbeiter, bei früheren Auflagen zusätzl. Aufl./Jahr).

Pawlowski, Hans Martin: Methodenlehre für Juristen. Theorie der Norm und des Gesetzes. Ein Lehrbuch; Heidelberg/Karlsruhe 1981.

Protokolle: Protokolle der Kommission für die zweite Lesung des Entwurfs des Bürgerlichen Gesetzbuches, Band IV: Familienrecht, Berlin 1897.

Puls, Jutta: Unterhaltsansprüche minderjähriger ehelicher Kinder und Volljähriger gegen ihre Eltern, DAVorm 1975, Sp. 561—596.

— Zur Höhe des Unterhalts des ehelichen Kindes; in: 2. Deutscher Familiengerichtstag, Ansprachen und Referate, Brühl 1979, S. 114—163 (auch in DAVorm 1979, Sp. 727—747) (zitiert: Puls, DFGT-Referat).

— Gerechtigkeit durch Unterhaltstabellen?, ZBlJR 1982, S. 603—621.

Rassow, Walter: Zur Berechnung der Höhe gesetzlicher Unterhaltsrenten von Ehegatten und ehelichen Kindern, FamRZ 1969, S. 515—522.

— Der angemessene Unterhalt von Ehegatten und Kindern, FamRZ 1980, S. 541—546.

Redeker, Konrad: Legitimation und Grenzen richterlicher Rechtsetzung, NJW 1972, S. 409—415.

Reinsch: Zum Unterhaltsanspruch des unehelichen Kindes gegenüber seinem Vater, DJZ 1906, Sp. 586—587.

Roesen, Anton: Unterhaltsrichtsätze — Zur Entschließung der Unterhaltsrichter in Düsseldorf, DRiZ 1969, S. 50.

Rogge, Dirk: Kommentar (Die „Düsseldorfer Tabelle" als Rechtsfortbildung), DRiZ 1980, S. 61—62.

Rolland, Walter: Das neue Ehe- und Familienrecht: 1. EheRG, Kommentar zum 1. Eherechtsreformgesetz, 2. Aufl. Neuwied/Darmstadt 1982.

Roth-Stielow, Klaus: Verfassungswidrige Unterhaltsbenachteiligung volljähriger Kinder, ZBlJR 1982, S. 331—335.

Ruland, Franz: Familiärer Unterhalt und Leistungen der sozialen Sicherheit, Berlin 1973.

Säcker, Franz-Jürgen: Zur demokratischen Legitimation des Richter- und Gewohnheitsrechts, ZRP 1971, S. 145—150.

Scheyhing, Robert: Anmerkung zum Beschl. des OLG Schleswig vom 7. 11. 1962 — 3 W 84/62 — SchlHA 63, 53; SchlHA 1963, S. 98.

Schlüter, Wilfried: Das Obiter Dictum. Die Grenzen höchstrichterlicher Entscheidungsbegründung, dargestellt an Beispielen aus der Rechtsprechung des Bundesarbeitsgerichts, München 1973 (zitiert: Schlüter, Obiter dictum).

— Unterhaltsrecht — eine noch ungelöste Aufgabe für den Gesetzgeber, in: Praxis des neuen Familienrechts, Berlin/New York 1978, S. 241—271 (zitiert: Schlüter, UnterhaltsR).

Schneider, Hans-Peter: Richterrecht, Gesetzesrecht und Verfassungsrecht; Frankfurt/Main 1969.

Schuhmacher, Klaus: Geschiedenenunterhalt nach dem 1. Eherechtsreformgesetz, MDR 1976, S. 881—885.

Schwab, Dieter: Handbuch des Scheidungsrechts, München 1977 (zitiert: Schwab, Handbuch).

— Zur Sättigungsgrenze beim Unterhalt geschiedener Ehegatten, FamRZ 1982, S. 456—459.

— Tendenzen im Recht des Geschiedenenunterhalts, Heidelberg 1983 (zitiert: Schwab, Tendenzen)

— Familienrecht, 3. Aufl., München 1984 (zitiert: Schwab, FamR).

Segall, Martin: Das bürgerliche Recht und die Lebensgewohnheiten; ArchBürgR 32 (1908), S. 410—443.

Seifert, Wolfgang: Unterhaltsrecht, in: Familienrecht. Lehrbuch, hrsg. v. e. Autorenkollektiv, 3. Aufl., Berlin (Ost) 1981, S. 222—260.

Simon, Hans: Zum Unterhaltsanspruch des unehelichen Kindes gegenüber seinem Vater, DJZ 1906, Sp. 255—257.

Soergel: Bürgerliches Gesetzbuch mit Einführungsgesetz und Nebengesetzen, 11. Aufl., Band 6: Familienrecht, Stuttgart/Berlin/Köln/Mainz 1981 (zitiert: Soergel / Bearbeiter).

Spangenberg, Ernst: Richtlinien für die gleichmäßige Verteilung der zum Unterhalt verfügbaren Mittel, DAVorm 1980, Sp. 769—786.

— Zur künftigen Unterhaltsbemessung. Jedem das Seine — Allen das Gleiche?, DAVorm 1983, Sp. 478—479.

— Der Selbstbehalt eines Unterhaltspflichtigen gegenüber dem geschiedenen Ehegatten, DAVorm 1984, Sp. 455—457.

Sprenger, Klaus: Anmerkung zum Beschl. d. OLG Frankfurt v. 23. 1. 1970 — 7 W 54/69 — NJW 70, 1882; NJW 1970, S. 2249.

Statistisches Bundesamt: Statistisches Jahrbuch für die Bundesrepublik Deutschland, Stuttgart/Mainz 1984.

Staudinger: Kommentar zum Bürgerlichen Gesetzbuch, 10./11. Aufl., Bd. IV: Familienrecht, Teil 1, Berlin 1975, Teil 3 b, Berlin 1965 (zitiert: Staudinger / Bearbeiter).

Stern, Klaus: Das Staatsrecht der Bundesrepublik Deutschland, Band II: Staatsorgane, Staatsfunktionen, Finanz- und Haushaltsverfassung, Notstandsverfassung; München 1980.

Strempel, Dieter: Rechtstatsachenforschung und Rechtspolitik, ZRP 1984, S. 195—198.

Volkmar, Erich: Großdeutsches Eherecht. Kommentar zum Ehegesetz vom 6. Juli 1938 mit sämtlichen Durchführungsvorschriften, München/Berlin 1939.

Wank, Rolf: Grenzen richterlicher Rechtsfortbildung, Berlin 1978.

Webler, Heinrich: Bericht über die Tagung des „Archivs deutscher Berufsvormünder" vom 21.—23. August 1924 in Chemnitz, ZBlJR XVI (1924/25), S. 189—193.

— Die Höhe der Unterhaltssätze unehelicher Kinder in der Rechtsprechung, ZBlJR XVII (1925/26), S. 287—289.

— Anmerkung zum Urteil des LG Düsseldorf vom 15. 11. 67 — 13 S 324/66 —, ZBlJR 1968, S. 116—117.

Wendt, Harald: Die gemeinsame Rechtsprechung der Zivilkammern 2, 9 und 17 des Landgerichts Hamburg zum Unterhaltsrecht, DAVorm 1976, Sp. 57—66.

Weychardt, Dieter: Ein Vergleich der neuen Düsseldorfer Tabelle mit den Hammer Leitlinien zum Unterhaltsrecht unter besonderer Berücksichtigung der Rechtsprechung des ersten Senats für Familiensachen des Oberlandesgerichtes Frankfurt am Main, DAVorm 1979, Sp. 145—163.

— Anmerkung zur neuen „Nürnberger Tabelle", DAVorm 1979, Sp. 265—267.

— Zur Bestimmung des Selbstbehalts aus der Sicht des Praktikers, DAVorm 1979, Sp. 321—324.

— Zur Frankfurter Unterhaltsrechtsprechung, DAVorm 1980, Sp. 607—622, 673—708.

— Zur Weiterentwicklung der Frankfurter Unterhaltsrechtsprechung; DAVorm 1984, Sp. 81—100, 241—268, 337—362.

— Zur Fiktion im Unterhaltsrecht (Mangelfälle), DAVorm 1984, Sp. 637—639.

— Zur Bemessung des Ehegattenunterhalts: Differenz- oder Abzugsmethode?, NJW 1984, S. 2328—2330.

Windscheid, Bernhard: Lehrbuch des Pandektenrechts, 2. Band, 7. Aufl., Frankfurt am Main 1891.

Winzeler, Hans: Die Bemessung der Unterhaltsbeiträge für Kinder, Diss. jur. Zürich 1974.

Zarbock, Walter: Zur Neuordnung des Unehelichenrechts, ZBlJR 1966, S. 291—294.

FSC
www.fsc.org
MIX
Papier | Fördert gute Waldnutzung
FSC® C083411

Kolibri 360 GmbH
Ferdinand-Jühlke-Straße 7
99095 Erfurt, Deutschland
produktsicherheit@kolibri360.de

Druck:
CPI Druckdienstleistungen GmbH
im Auftrag der
Kolibri 360 GmbH
Ferdinand-Jühlke-Str. 7
99095 Erfurt